Un Devocional para La Copa Mundial 2022

Un Devocional para La Copa Mundial 2022

La Luz está llegando

Un Devocional para La Copa Mundial 2022 | La Luz está llegando
Derechos de autor © 2022 Soccer Chaplains United

ISBN: 9798359352918

Reservados todos los derechos. Ninguna parte de esta publicación puede reproducirse, almacenarse en un sistema de recuperación o transmitirse de ninguna forma ni por ningún medio (electrónico, mecánico, fotocopia, grabación o cualquier otro), excepto breves citas en reseñas impresas, sin el permiso previo de el editor.

Las escrituras marcadas como "RVR1995" están tomadas de la versión Reina-Valera 1995. *Reina-Valera 95®* © Sociedades Bíblicas Unidas, 1995. Utilizado con permiso.

El texto bíblico indicado con (NTV) ha sido tomado de la *Santa Biblia, Nueva Traducción Viviente,* © Tyndale House Foundation, 2010. Usado con permiso de Tyndale House Publishers, Inc., 351 Executive Dr., Carol Stream, IL 60188, Estados Unidos de América. Todos los derechos reservados.

Editor: Jan van Vliet, PhD

Saque Inicial Autor: Rev Bradly Michael Kenney
Medio Tiempo Autor: Rev Jordan Medas
Pitido Final Autor: Pastor Kurt Trempert

Traductor Semanas 1, 3, 5, 7: Rev. Cesar M Duran
Traductor Semanas 2, 4, 6, 8: Rev. Isidro Piña

Ilustradoras: Stella Bertsch, Caley Kenney, y Kiera Thielke

Diseño de interiores: Jubal McDaniel
Diseño de portada de libro: Jim Barnard y Bradly Michael Kenney

Esta edición es autopublicada a través de KDP
Primera impresión edición 2022

Dedicatoria

A todos los que aman este Hermoso Juego

Y a todos los que son amados por Aquel que hizo este Hermoso Juego

Indice

Introducción		8
Una Oración Diaria		9
Semana 1	Silencio y Espera	10
Semana 2	Preparación	18
Semana 3	La Esperanza	26
Semana 4	Fe	34
Semana 5	Alegría	42
Semana 6	Paz	50
Semana 7	Amor	58
Semana 8	Adoración	66
Expresiones de gratitud		75
Redes sociales y conexión		77
Sobre		79

Introducción

Bienvenidos al Soccer Chaplains United (Capellanes de Fútbol Unidos) Un Devocional para La Copa Mundial 2022 | *La Luz está llegando*. Este libro cubre las estaciones de Adviento y Navidad. Las celebraciones celtas y ortodoxas del Adviento comienzan 40 días antes (15 de noviembre) del día de Navidad. Todo esto combina maravillosamente con la 22ª Copa Mundial de la FIFA en Qatar, la primera vez que se juega el torneo durante esta época del año.

El Adviento comenzó originalmente como un espejo de la Cuaresma (40 días antes de la Pascua). La palabra proviene del latín ' adventus' que significa 'llegada.' Este tiempo intencionalmente nos ayuda a reflexionar, celebrar y anticipar mejor las tres llegadas de Jesús.

¿Qué entendemos por **tres** venidas de Jesús?

El primero fue su nacimiento hace unos 2000 años. La tercera llegada de Jesús es su regreso prometido al final de esta era. Su *"segunda"* venida es cuando él personalmente entra en nuestro corazón y vida cuando nos arrepentimos del pecado, entregamos el control de nuestra vida y buscamos seguirlo. Su segunda venida no es solo un evento de una sola vez, es un ejercicio continuo de rendirle el corazón diariamente, y la realidad es que no todos harán de esta *"segunda venida de Jesús"* una experiencia personal. Jesús nunca va a forzar su entrada a nuestras vidas. La Escritura dice: "… *Yo estoy a la puerta y llamo* …" (Apocalipsis 3:20). Jesús espera que lo dejemos entrar.

Este año, mientras disfrutamos la Copa del Mundo, que podamos todos experimentan el segundo adveniminento de Jesús, tal vez su llegada más importante. Oramos para que este devocional despierte un nuevo interés, curiosidad y fortaleza en su fe, familia y fútbol. ¡Bendiciones en el viaje! ¡Bendiciones en la Copa del Mundo!

Una Oración Diaria

Dios de todos los que esperan,
Dios de todos los que tienen esperanza,
Prepara dentro de mi corazón
Una forma de entrar,
Para dejar que Tu Luz penetre en mi oscuridad.
Déjame crecer en la fe,
Todos y cada minuto —
Todos y cada día.
Para que yo pueda tener una gran alegría,
Que pueda tener un gran deleite
Al saber que me amas,
Al saber que me ofreces la paz,
Y al saber que yo debo hacer lo mismo.
Te entrego todo de mí —
Cada pedacito que está roto y destrozado,
Todo lo que es excelente y maravilloso —
Y te adoro a ti.
Solo tú eres digno de toda la gloria y la honra.
Te adoro.
Amén

Silencio y Espera

Semana Uno

Nov 13 – 19

(Los clubes liberan a sus jugadores y comienza el Adviento)

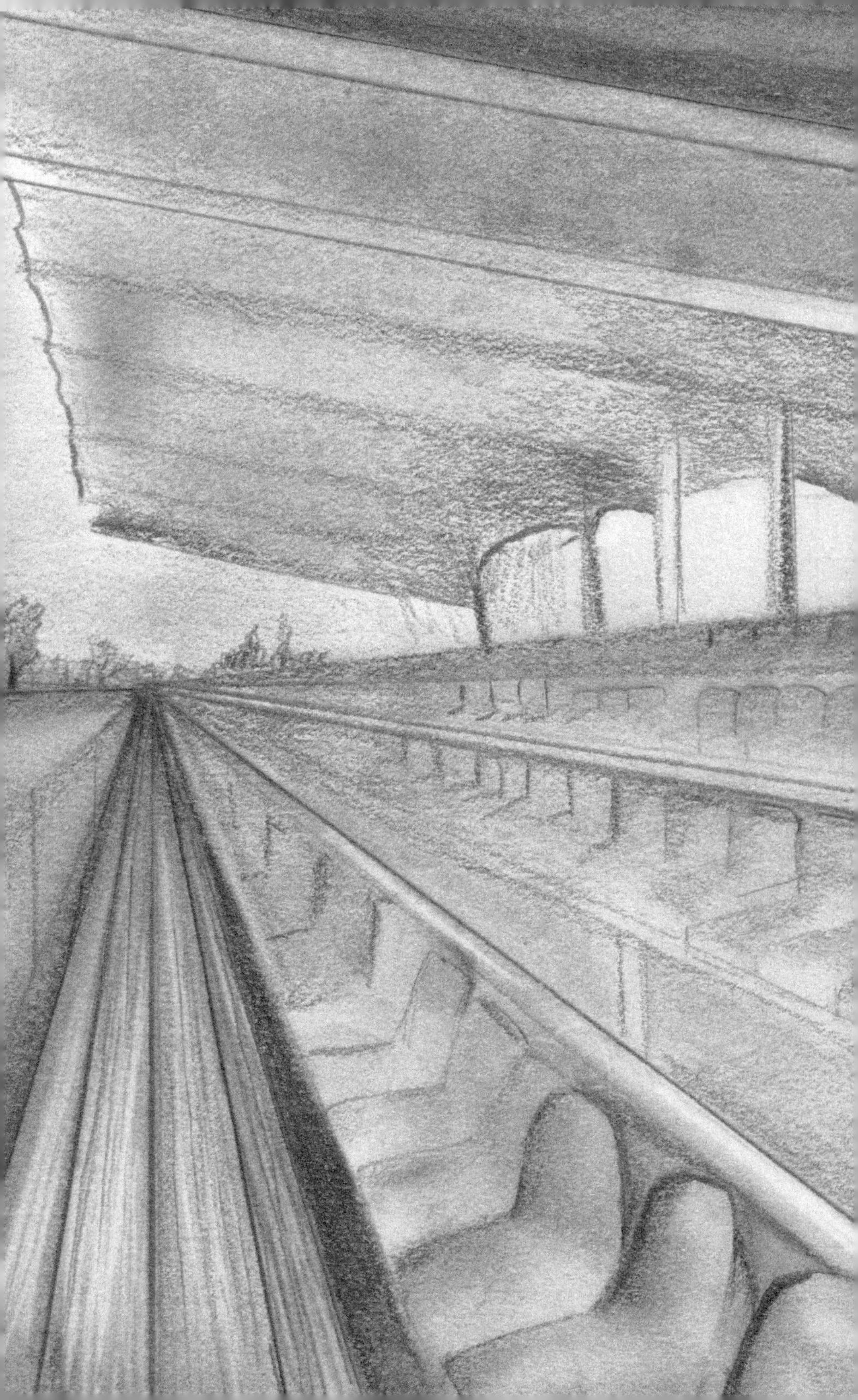

Esperando por mucho tiempo

¿Qué tan pacientes somos cuando debemos esperar algunas cosas? ¿Qué tal cuando debemos esperar el inicio de un juego? ¿Qué tan pacientes somos si debemos recuperarnos de alguna lesión? ¿Cuándo debemos esperar que un agente nos llame? ¿Cuándo hay un nuevo contrato o nuevos beneficios? ¿O una convocatoria de la selección nacional? ¿Un pasaporte? Podemos hacer una larga lista y en la mayoría de las cosas tendrán un tiempo de espera interminables.

> **Semana 1 | Saque Inicial**
>
> Romanos 8:19
>
> Apocalipsis 8:1
>
> *"porque el anhelo ardiente de la creación es el aguardar la manifestación de los hijos de Dios."*
>
> ———
>
> *"Cuando abrió el séptimo sello, se hizo silencio en el cielo como por media hora."*

¿Puedes creer que un pueblo una vez esperó más de 400 años? Estaban esperando escuchar la dirección de Dios. Estaban esperando alguien que los liberara, un líder. Estaban esperando una victoria. Sin embargo, todo lo que recibieron a cambio fue silencio.

El silencio y la espera parecen ir de la mano. Esperar es difícil, ya sean tres pequeños puntos al final de un mensaje de texto o esperar el nacimiento de un niño. El silencio es a menudo un indicador de que algo está por suceder. Piensa en la calma o el silencio antes de una tormenta. En Apocalipsis 8, el silencio es un precursor de algo asombroso que está por suceder: el regreso de Jesús.

Cuatrocientos años de silencio precedieron la primera venida de Jesús. Dios no hablo a Su pueblo, ni a través de profetas, ni a través de las Escrituras. Fue un tiempo único en la historia de Dios y de la humanidad. Un largo período de tiempo. La pregunta aquí es: ¿Podríamos soportar 400 años de silencio, 400 años de espera?

Hoy en día, todavía hay 134 países que nunca se clasificaron para la Copa del Mundo. Luxemburgo lleva la dudosa distinción por la racha mas larga de calificaciones fallidas. Desde 1934, este pequeño país de Europa occidental ha visto fracasar 20 intentos (Finlandia es segundo con 19). Tal vez la esperanza de que el nuevo formato ampliado de la Copa del Mundo de 2026 finalmente sea su torneo, su tiempo, su momento. Si Luxemburgo se clasifica, serán 92 años de espera. ¡Eso es mucho tiempo!

La espera y el silencio son muy difíciles para mí, aunque pueden ser más tolerables para las personas que esperan con nosotros. Una vez escuché decir que se puede identificar la naturaleza de un verdadero amigo por su capacidad de estar presente <u>en silencio</u> en esos tiempos de espera, con la capacidad de acompañar a alguien sin necesidad de palabras. ¿Quién espera contigo y conmigo en el silencio? ¿Un padre, un compañero, un amigo? ¿Alguna vez has sentido la presencia de Dios en medio de la espera? ¿Cómo fue esa experiencia? ¿Cómo el silencio reafirma tu fe o te impide no creer en Dios? ¿O cómo el silencio reafirma o influencia en tus convicciones?

Te invito a que esta semana, dejes que tu vida espiritual se conecte con el silencio y la espera y puedan moverte a lo largo de esas líneas de banda de un campo de juego. Tal vez surjan algunos viejos problemas de fe o dudas. Tal vez surjan algunas viejas heridas y recuerdos duros. ¡No los ignores! Vuelve a confrontarlos; lucha, haz malabares y pelea con ellos si es necesario. Mi consejo es no lo hagas solo, hazlo en comunidad, con un amigo de confianza, un compañero de equipo, un entrenador, un padre, un pastor o un capellán.

Esta semana, considera a los personajes bíblicos que aprendieron a esperar, y sobre todo que aprendieron a vivir esa espera en silencio. Es fascinante ver esos ejemplos de esos personajes bíblicos de como superaron ese tiempo de espera. Por esa razón, mi deseo es que tú y yo, cuando tengamos esa necesidad de esperar y ser pacientes, que no perdamos la esperanza, que esperemos en Dios, que seamos pacientes y que mantengamos la fe.

~ **Reverendo Brad**

¿Es bueno esperar?

Estos 400 años por los cuales el pueblo de Dios tuvo que esperar para escuchar de Dios una vez más,— se le llama el *"período Inter-testamentario"*— desde el final de Malaquías, el último libro del Antiguo Testamento, hasta el nacimiento de Jesús el Mesías en Belén como está registrado en los Evangelios de Mateo y Lucas. Si Dios hizo que Su pueblo esperara para saber de Él, tenía un propósito al hacerlo.

> **Semana 1 | Medio Tiempo**
>
> Leer el libro de Malaquías
>
> —
>
> *"La espera es un período de aprendizaje. Cuanto más esperamos, más oímos hablar de aquel a quien estamos esperando."*
>
> - Henri Nouwen

Regularmente los niños siempre obtienen lo que quieren cuando lo quieren. Pero como adultos no es así, si no dedicamos tiempo a la anticipación, esperando ansiosamente algo deseado y reflexionando en el por qué lo deseamos, ¿apreciaríamos realmente lo que deseamos?

Hemos esperado un poco más de 4 años para esta Copa del Mundo. ¿No te alegra que no tuviéramos que esperar 400 años? ¿Recordaremos la Copa del Mundo después de 50 o 100 años? La verdad es que, nos guste o no, esperar es bueno.

Pero ¿por qué es bueno esperar?

Esperar naturalmente nos da tiempo para reducir la velocidad de nuestra vida y descansar. Nuestros corazones, cuerpos, mentes y almas necesitan tiempo de inactividad, descanso y reposo, para refrescarse y recuperarse.

Descansar nos ayuda a darnos cuenta de las cosas que nos rodean y que normalmente no tenemos tiempo para apreciar y valorar. Cuando estamos siempre en movimiento, la belleza de las cosas y las personas que nos rodean se nos escapan en un abrir y cerrar de ojos. Esperar nos ayuda a notar la belleza en las cosas cotidianas que Dios ha puesto en nuestras vidas.

Esperar nos ayuda a centrarnos en lo que realmente queremos. Si, después de un tiempo para procesar y evaluar nuestros deseos, todavía hay algo en nuestro corazón, es muy probable que valga la pena perseguirlo.

Esperar crea espacios. Todos lo hemos escuchado una y otra vez en los entrenamientos y durante los juegos: *"crear espacio."* Esperar nos da la oportunidad de crear un espacio para hacer un inventario de nuestro pasado, evaluar nuestro presente y prepararnos para el futuro.

El Adviento es una temporada de preparación, ya que celebramos el nacimiento del Salvador del mundo, Jesucristo, así como la expectativa de su regreso. Pero si no nos tomamos el tiempo para esperar, callar y reflexionar sobre lo que, o en este caso a quién, estamos celebrando, ¿estamos verdaderamente preparados para celebrar? ¿O simplemente estamos siguiendo las costumbres de la tradición? O peor aún, ¿estamos celebrando la tradición en lugar de la razón de esa tradición?

Mi deseo hoy es que durante esta temporada de Adviento, aprovechen esos momentos que se nos brindan, ya sea de viajes, el tiempo normal de inactividad o recuperación, para crear espacio y hacer un inventario de dónde ha estado nuestra vida, dónde está ahora, y lo que Dios tiene reservado para ti. Tome ese espacio para reflexionar sobre lo que significa que Dios vino a estar con nosotros, vivir entre nosotros, caminar con nosotros, cenar con nosotros. . . todo por su gran amor por nosotros.

~ **Reverendo Jordan**

¡Esperar apesta! Pero...

Me encanta mi microondas, mi teléfono celular, el horno de mi cocina y mi auto. Prefiero volar a conducir; y si pudiera permitírmelo, preferiría tomar un vuelo suborbital a través del océano. Todo esto ilustra mi aborrecimiento hacia todo lo que implique esperar. Si está disponible ahora, ¡lo quiero ya!

> **Semana 1 | Pitido Final**
>
> Lucas 2: 25; 36, 38
>
> *"Simeón…esperaba la consolación de Israel…Ana…de edad muy avanzada…daba gracias a Dios y hablaba del niño a todos los que esperaban la redención en Jerusalén."*
>
> ---
>
> Puedes leer acerca de Simeón y Ana en Lucas 2:22-38

A medida que he envejecido y empiezan a aparecer las canas, he notado que mi paciencia también se ha desarrollado. Cuando era niño, apenas podía sentarme durante diez minutos y esperar algo. A medida que he envejecido, parece que he entrado lentamente en un lapso de tiempo continuo. ¡Parece que fue ayer cuando nació mi hija, y la acompañé al altar hace un par de semanas, presentándola a su nuevo esposo! ¿Qué pasó con el tiempo?

Esta primera semana de Adviento se centra en los 400 años de espera de los hebreos. Estaban esperando que el Mesías se revelara. Ellos esperaron. Durante 400 años, lo único que pudieron hacer fue esperar.

No sé si alguna vez has estado afuera durante una noche entera esperando que saliera el sol, pero déjame decirte que siempre hace más frío justo antes de que el sol te dé en la cara. Te encuentras mirando hacia el cielo del este con nuevas expectativas y anhelos, esperando que el Sol de Justicia se eleve con sanidad en Sus alas.

Ana y Simeón eran dos personas mayores que iban todos los días al templo de Jerusalén esperando ansiosamente la revelación del Mesías al pueblo. Lo anhelaban. Estaban desesperados por la sanidad de la nación y de Jerusalén. Creo que una de las razones por las que pudieron esperar con tanta paciencia fue por su madurez: también habían entrado en ese lapso de tiempo continuo al que me referí. Creo que esto fue posible a través de la fe.

Probablemente también recuerdes tu infancia y lo difícil que era esperar, ya sea esperando la mañana de Navidad, el Día de los Reyes Magos, o simplemente estes esperando tu próxima comida. La pregunta es: ¿Cómo practicas la disciplina de esperar ahora? Como adulto, debes dejar atrás las cosas infantiles, y una de ellas es la impaciencia. No permita que esa espera se convierta en apatía, pero aprende lo que significa esperar intencionalmente: en otras palabras, aprende lo que es la paciencia.

Te animo a que seas honesto acerca de las cosas que anhelas con anticipación. ¿Cómo estás madurando a través del proceso de esperar? ¿Qué te está enseñando Dios acerca de sí mismo a través de esta temporada de espera y buenos deseos? ¡Esperar apesta! Pero es esperando con fe como aprendes sobre la paciencia de Dios. Y como hijos de nuestro amoroso Dios, las escrituras cristianas nos exhortan a ser como él. Para representarlo bien. Eso mejora a medida que maduramos en la fe. Es por eso por lo que la paciencia, la fidelidad y el dominio propio son frutos del Espíritu, porque esperar apesta y no es fácil.

¡Pero anímate!

¡Pronto sonará el pitido final!

~ Pastor Kurt

Preparación
Semana Dos

Nov 20 – 26

(Partido Inaugural y Fase de Grupos)

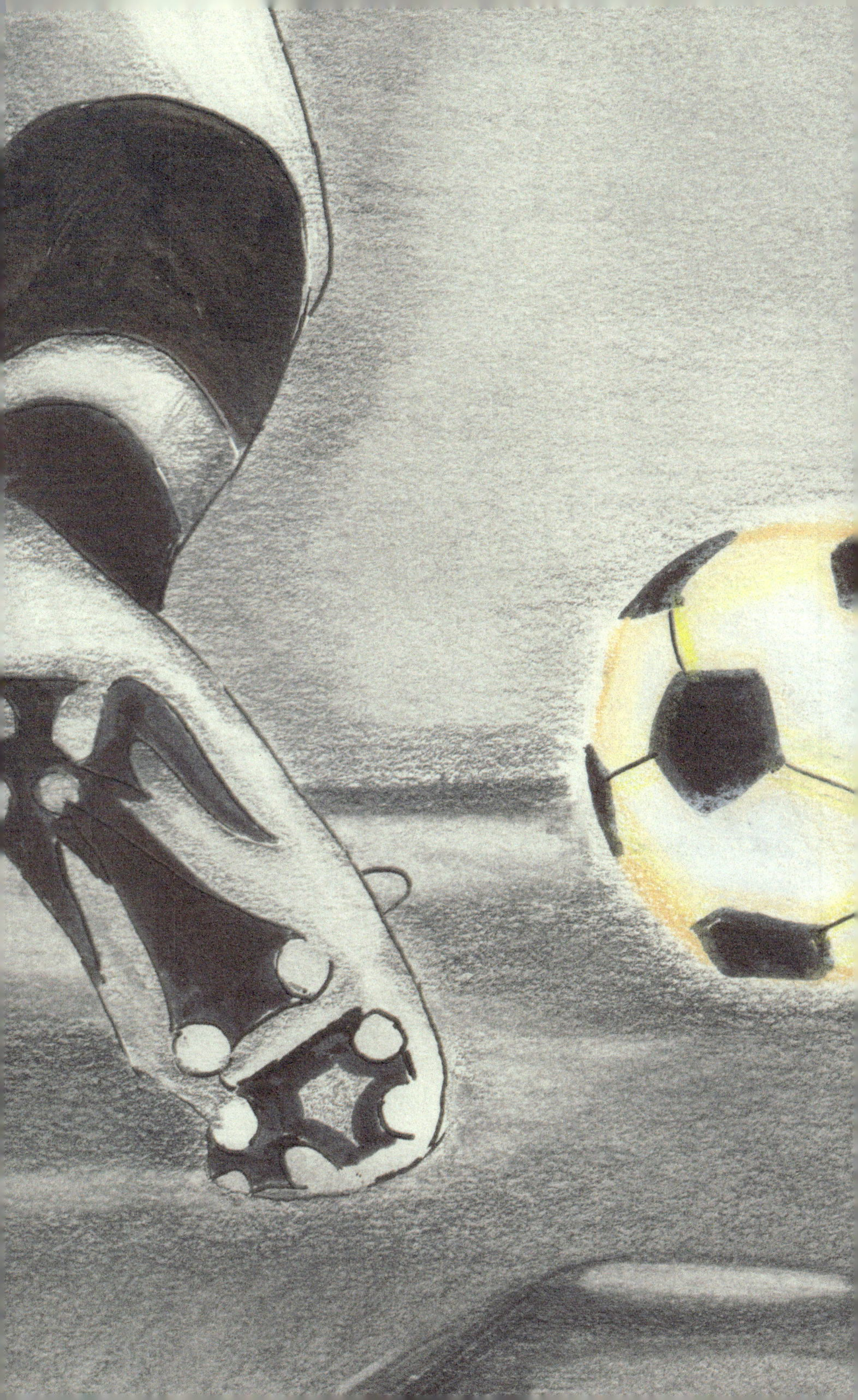

Prepara el camino

Hoy es el primer día de partido de la Copa Mundial, pero este día no sucedió de la noche a la mañana: Qatar fue anunciado como anfitrión el 2 de diciembre de 2010. ¡Los preparativos comenzaron hace casi 12 años! Se construyeron siete nuevos estadios (con aire acondicionado para combatir el calor del desierto), un nuevo aeropuerto, un nuevo sistema de tránsito y casi 100 hoteles: ¡se construyó una ciudad entera alrededor del Estadio Lusail, sede del partido final!

En la antigüedad, los preparativos para la llegada anticipada de un rey tenían lugar mucho antes de que comenzara el viaje. Un precursor se adelantaba. Anunciaba la llegada del rey y animaba a la gente a prepararse. Estos "estímulos" no siempre fueron amistosos. Amenazas, violencia, dolor, castigo: los que vivían a lo largo de las rutas de viaje tenían que preparar el camino para el rey, y si no estaba listo a tiempo, ¡podría significar la pérdida de la vida!

Hubo dos arreglos en la carretera principal. El primero fue la elevación de los lugares bajos (*todo valle sea alzado*). Con el tiempo, las carreteras desarrollaron hoyos, "baches" en nuestros días modernos. Esencialmente, al camino le faltaba algo necesario para un paso suave y seguro. Las obras viales antiguas también incluían bajar lugares altos (*bájese todo monte y collado*). El camino del rey a menudo tenía rocas y escombros como obstáculos que debían ser rebajados, nivelados y eliminados.

> **Semana 2 | Saque Inicial**
>
> Mateo 3:3;
> Isaiah 40:3b-4
>
> *"Voz del que clama en el desierto: '¡Preparad el camino del Señor, enderezad sus sendas!'."*
>
> —
>
> *"'¡Preparad un camino a Jehová; nivelad una calzada en la estepa a nuestro Dios! ¡Todo valle sea alzado y bájese todo monte y collado! ¡Que lo torcido se enderece y lo áspero se allane!'"*

Reflexione sobre la aplicación de esto al fútbol, la familia y la fe. **¿Qué necesito agregar a mi vida futbolística** (una disciplina, una habilidad)? **¿O de qué debo deshacerme** (mal hábito, negatividad, etc.)?

Los futbolistas deben considerar el entrenamiento y la preparación para el juego, así como la preparación para la carrera. El reemplazar una dieta pobre con hábitos alimenticios saludables es una cosa, pero también existe una vida más allá del juego. ¿Estás jugando juegos de azar o jugando al golf cuando deberías estar estudiando, aprendiendo u tratando de obtener una licencia de entrenador? Los desequilibrios y las adicciones son perjudiciales para el progreso del atleta, la salud mental, los hábitos para dormir y más.

Vayamos más allá de lo que es la vida futbolística. **¿Qué le hace falta a mi vida que necesito agregar? ¿Y qué necesito remover de mi vida?** ¡hazte estas preguntas y respóndete honestamente!

En esta semana, ya sea que te estes preparando para el día del partido, la pretemporada o la temporada misma, ¿cómo se ve tu preparación? Entrenador: sus preparativos pueden parecer diferentes a los de los atletas, pero tienen tiempos y ritmos similares. Personal médico: sus preparativos deben sincronizarse con los entrenadores de fuerza/acondicionamiento. Scouts: ¿qué hay en cuanto a sus preparativos? Algunas preparaciones son preventivas. Otros son restauradores. ¡Toma en cuenta las diferencias!

Finalmente, considera las preparaciones de fe: ¿Ideas equivocadas acerca de que Dios necesita ser removido? ¿Vacíos en la comprensión de cómo funciona la oración? ¿Preconceptos sobre la iglesia/religión que impiden preguntar, explorar preguntas más profundas? Ahora es el momento de prepararse, de prepararse. Sea la mía una voz que llama: **¡Preparad el camino!**

~ **Reverendo Brad**

Preparando el corazón

"Vámonos a la Copa Mundial, el evento deportivo más grande del mundo, y en lugar de entrenar y discutir tácticas, ¡salgamos al campo y veamos qué sucede!" ¿Qué profesor o entrenador ha dicho alguna vez esta cosa tan absurda?

Es ridículo imaginar que después de años de práctica, estudio, acondicionamiento y clasificación, los jugadores y los equipos dejen sus resultados de la Copa Mundial al azar. Ni siquiera Ted Lasso adoptaría ese enfoque!

El Adviento es la estación del año en que la iglesia se prepara para celebrar el nacimiento o venida (*adventus*) de Jesucristo (*Navidad*) y esperar su regreso un día en gloria para juzgar a vivos y muertos. Y aunque los preparativos en los qué solemos pensar en esta época del año incluyen decoraciones, reuniones y compras, esa no es la preparación a la que se refieren los profetas como Isaías y Juan el Bautista. En anticipación del regreso de Cristo, la preparación a la que Dios nos llama incluye el auto-examen y el arrepentimiento.

> **Semana 2 | Medio Tiempo**
>
> Lucas 3:4
>
> *"Isaías había hablado de Juan cuando dijo: «Es una voz que clama en el desierto: "¡Preparen el camino para la venida del Señor! ¡Ábranle camino!"'*
> (NTV)
>
> ---
>
> *"Si no te preparas, te estás preparando para fallar."*
>
> — Benjamin Franklin

La palabra arrepentimiento ha caído en desgracia en algunos círculos debido a su connotación negativa; sin embargo, el hecho es que para estar en comunión con Dios, debemos arrepentirnos (alejarnos de) de nuestro pecado. Child Evangelism Fellowship define el pecado como "*cualquier cosa que pensemos, digamos o hagamos, que no agrada a Dios o quebranta las leyes de Dios.*"

Puede que te sorprenda o que no te sorprenda en absoluto que el pecado sea real, y que todos debemos confrontarlo en nuestras propias vidas. Así es como nos preparamos para la venida del Mesías, tanto para su nacimiento como para su regreso: *"por cuanto todos pecaron y están destituidos de la gloria de Dios"* (Romanos 3:23, RVR1995).

Una analogía simplificada en el fútbol sería el jugador que, aunque se destaca en muchas áreas del juego, tiene una deficiencia en su juego que le impide ser el jugador que podría ser (no funcionar igual bajo presión, problema de reconocer la situación real, falta de comunicación, etc.). El entrenador lo llama una y otra vez, y el jugador dice que trabajará en ello; sin embargo, en lugar de reconocer, confrontar y trabajar en su deficiencia, niega su existencia y finge que no afecta su juego. ¡Todos tenemos deficiencias y carencias!

Debido a la venida de Cristo, la muerte en la cruz por nuestros pecados y la victoria sobre la muerte en su resurrección, podemos tener *"vida en abundancia"* (Juan 10:10, RVR1995) y vida eterna con Dios. *"De tal manera amó Dios al mundo, que ha dado a su Hijo unigénito, para que todo aquel que en él cree no se pierda, sino que tenga vida eterna."* (Juan 3:16, RVR1995).

Por eso celebramos el Adviento. Cuando preparamos nuestros corazones reconociendo y confrontando el pecado en nuestras vidas, verdaderamente llegamos a comprender el gozo inefable que la venida de Cristo Jesús el Mesías trae a aquellos que conocen a Cristo como Señor y Salvador de sus vidas.

~ **Reverendo Jordan**

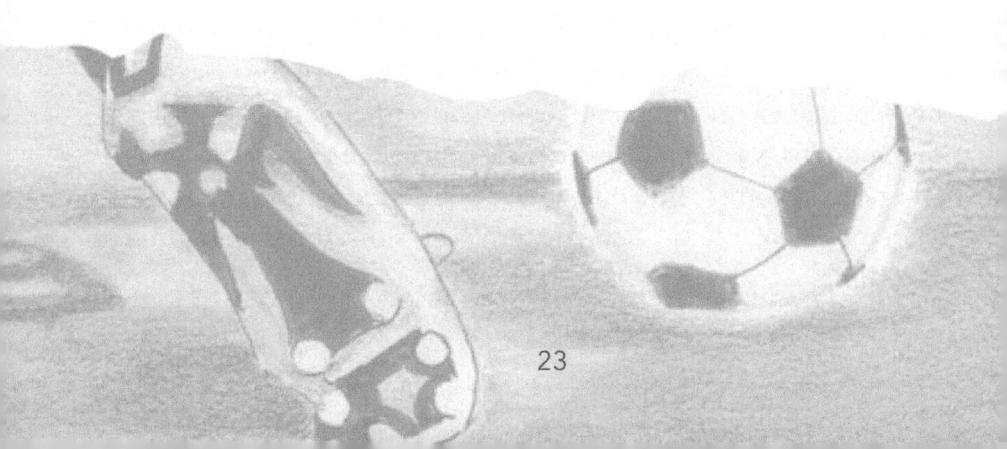

Práctica y preparación

Probablemente hemos escuchado esto una y mil veces: "*¡La práctica genera confianza!*" Seamos claros, practicar lo incorrecto no nos ayuda a cumplir nuestras metas. ¡Algunas prácticas generan fracaso! En ocasiones tenemos que elegir un cambio de rumbo, cambio un patrón, elegir un nuevo camino o simplemente dar un giro.

> **Semana 2 | Pitido Final**
>
> Luke 3:1-3
>
> *"En el año decimoquinto…vino palabra de Dios a Juan hijo de Zacarías, en el desierto. Y él fue por toda la región… predicando el bautismo del arrepentimiento para perdón de pecados,"*
>
> —
>
> Puedes leer acerca de Juan el Bautista y su ministerio en Lucas 3:1-18

¡Me he perdido, pero no le digas a mi esposa o a mis hijos! Honestamente, realmente no creo que me haya perdido nunca; Simplemente no sabía cómo llegar a mi destino. Siempre he sabido cómo dar la vuelta y regresar a casa. ¡Qué frustrante debe ser no saber el camino a casa!

Hace muchos años, cuando todavía jugaba este Hermoso Juego, uno de mis mayores errores era agachar la cabeza y driblarme a mí mismo hasta una esquina. Todavía puedo escuchar a mi entrenador gritar: "*¡Encara! ¡Encara!*" Luego me quitaron el balón y volví a jugar de defensa. Si tan solo hubiera escuchado a mi entrenador, o mejor aún, si tan solo hubiera prestado más atención en la práctica a la táctica de "*Encara*" en lugar de la habilidad de tratar de dominar. Siempre supuse que podía salir de un problema regateando.

Hay muchas veces en nuestra vida que necesitamos escuchar a alguien, tal vez un amigo, un mentor, un entrenador o un profeta, llamándonos, ya sea, "*¡Regresa!*" ¡o *encara*!" ¿Te has encontrado en un rincón sin otra salida que volver por donde viniste? Todos tendemos a bajar la cabeza y meternos en situaciones en las que no hay salida.

Juan el Bautista vino a preparar al pueblo hebreo y también a los griegos (gentiles) para el Mesías. Su mensaje principal fue simple: "*¡Date la vuelta! Porque el Reino de Dios está a punto de ser revelado.*" Verá, los hebreos se habían metido en un rincón del pecado sin salida. Juan se acercó a ellos y les gritó: "*Arrepiéntanse, den la vuelta y regresen a casa que allí está verdad*" (mi paráfrasis). Los hebreos se habían entregado a la práctica y las ceremonias de la religión y el cumplimiento de la ley en preparación para la venida del Mesías solo para darse cuenta de que estaban practicando cosas malas y siendo idólatras.

El verdadero arrepentimiento se dirige a toda la persona -- el intelecto, el corazón o los sentimientos y la voluntad. El intelecto **Reconoce** vuestro pecado; el corazón siente **Remordimiento** por vuestras faltas; y la voluntad **Resuelve** abstenerse de repetir nunca más ese pensamiento, palabra o acción. El verdadero arrepentimiento suena fácil, ¿no es así? ¡Pero es difícil! Y requiere ayuda divina para salir adelante con éxito. Pero tienes al Espíritu Santo, que está ansioso y emocionado de poder ayudarte en esta tarea y alinear tu vida con los deseos de Dios una vez más.

¿Cuál es un pecado, un ídolo, una distracción que te tiene atrapado en un rincón sin salida? ¿Cómo sería para ti "*¡Regresa a casa!*"? ¿Has estado practicando cosas que no te están preparando para la vida con Jesús?

~ **Pastor Kurt**

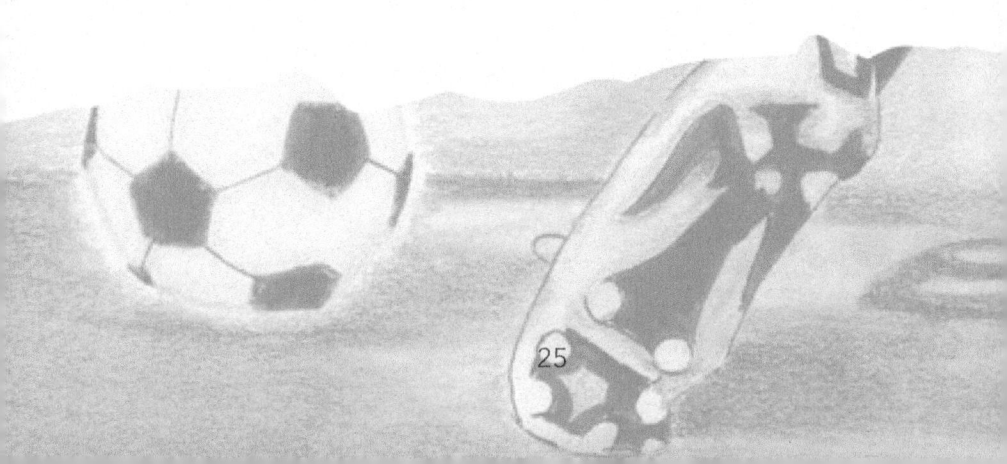

La Esperanza

Semana Tres

Nov 27 — Dec 3

(Fase de Grupos y Octavos de Final)

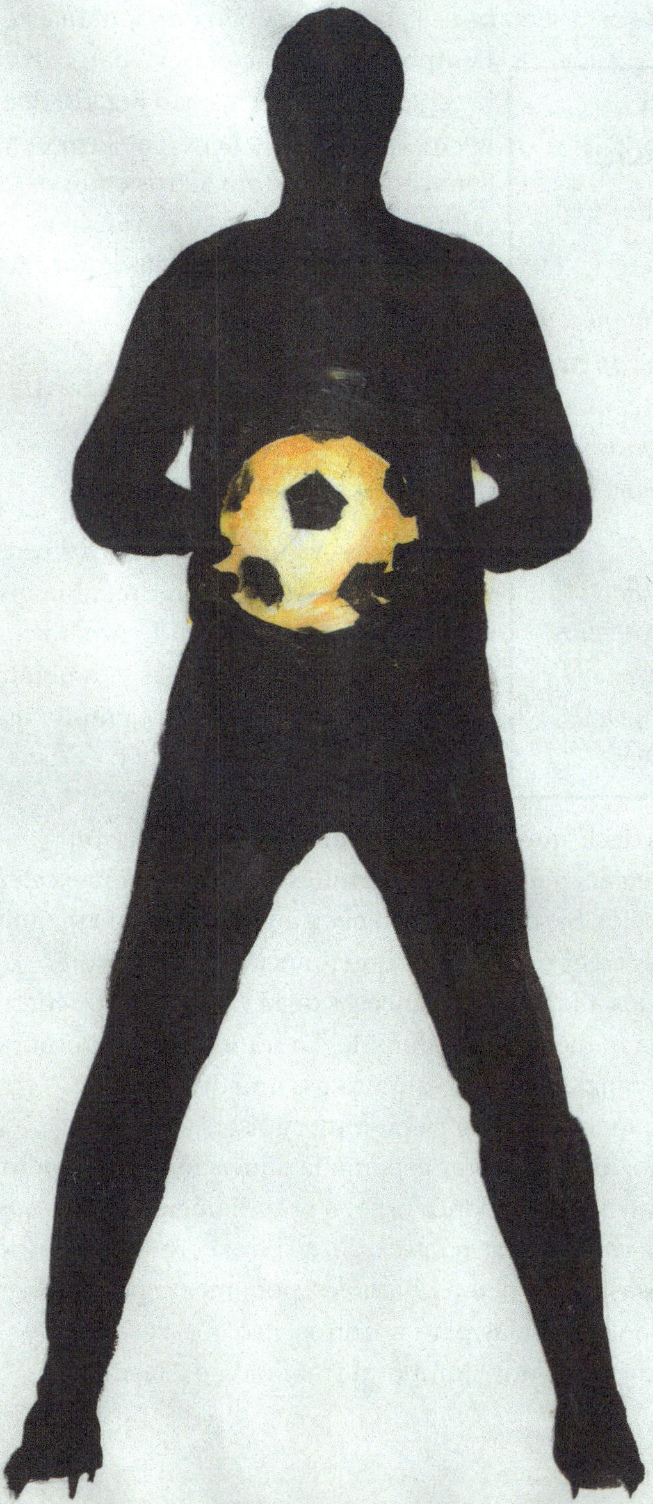

¿La esperanza termina segundo?

El tema de esta semana es la esperanza. Sin duda, para este tiempo algunas naciones ya han perdido la esperanza. Algunos han jugado dos de los tres partidos de la fase de grupos y ya conocerán su destino. Otros equipos, a falta de dos partidos, se aferrarán a la esperanza, incluso si el primer partido no resultó como estaba previsto.

Hay una razón por la que la esperanza ocupa el segundo lugar. La esperanza, una de las tres grandes virtudes cristianas teológicamente hablando, combina aspectos de deseo y expectativa. Algunos creen que es una virtud moral. Algunos argumentan que no lo es. La gente a menudo espera cosas que son malas en sí mismas y también malas para los demás. Por ejemplo, un aficionado inglés puede decir: *"Espero que Francia no gane."*

> **Semana 3 | Saque Inicial**
>
> I Corintios 13:13; Salmos 20:7
>
> *"Ahora permanecen la fe, la **esperanza** y el amor, estos tres; pero el mayor de ellos es el amor."*
>
> —
>
> *"Estos confían en carros, y…caballos; mas nosotros del nombre de Jehová, nuestro Dios…"*

Debemos decir que algunos asuntos de tipo moral son descritos específicamente como, virtudes morales, y son excelentes atributos de vida. Si seguimos con el ejemplo de este aficionado inglés, puedes creer que esperar que Francia no gane es algo bueno. ¡Pero los aficionados franceses de la *"Les Bleus"* pueden pensar de una manera muy diferente! La humanidad está rota y nuestras esperanzas, no solo están rotas, sino que están desalineadas, mal dirigidas, y son muy egoístas.

A menudo, los futbolistas esperan la alineación titular, pero algunos futbolistas de la banca agregan rápidamente: *"No es que espere que alguien se lesione ni nada, pero..."* La esperanza a menudo llega a expensas de los demás. También podemos esperar cosas que en realidad son malas para nosotros. Eso que deseamos y esperamos puede ser muy temporal y al final nos deja insatisfechos. Has escuchado el dicho: ¿Ten cuidado con lo que deseas (esperanzas)?

A pesar de todas estas cosas indebidas conectadas con la esperanza, cuando la esperanza se pone en las cosas correctas, puede ser buena para nuestras almas. En el Salmo 20, el rey David hace una distinción importante entre la esperanza y la confianza. La confianza está anclada en la seguridad que tenemos en alguien o algo más. Contrasta a los que ponen su esperanza en carros y caballos con los que confían en el Dios vivo. En la antigüedad, las naciones más desarrolladas utilizaban los caballos para la guerra debido a las ventajas tácticas que eso les proporcionaba. El pueblo de Israel no desarrollo caballos y caballería en su ejército hasta los tiempos del rey Salomón (hijo de David). De hecho, Dios ordena (Josué 11:6) que se inutilicen los caballos de guerra enemigos cortándoles los isquiotibiales, es decir, cortándoles el tendón por encima del tobillo para que el caballo de guerra no pueda caminar ni correr de nuevo. Parece extraño, pero Dios estaba ayudando a Su pueblo a poner su esperanza en Él.

Aunque nuestro equipo en la Copa del Mundo cumpla o no sus esperanzas y sueños, todos tenemos nuestros "caballos", ¿no es así? Confiamos en otras cosas que nos ayudan, jugamos con los marcadores de los juegos, y hacemos nuestras propias predicciones. Es decir, ponemos la esperanza en otras cosas como la seguridad financiera, o en un camino educativo, o en un éxito deportivo, o incluso en una relación.

Pero ¿hemos puesto nuestra esperanza y confianza en Dios? ¿O nuestra esperanza en Él está dañada por un pasado doloroso, o por una mala experiencia en la iglesia, o por un mal cristiano que nos dañó deliberada o accidentalmente? ¿Tal vez tenemos una esperanza grande porque Dios nos ha ayudado a superar una batalla contra el cáncer u otra adversidad?

La esperanza en Dios es poderosa porque es una esperanza trascendente, fuera de los límites de la perspectiva humana y física. Dios, en Su sabiduría, justicia y gracia, proveerá para nuestras necesidades y cuidará de nosotros, incluso si no le vamos a Francia en el mundial.

~ **Reverendo Brad**

La esperanza no es una fantasía

Cuando comenzó la Copa del Mundo hace dos semanas, 832 de los mejores atletas del mundo (sin mencionar directores deportivos, entrenadores, personal y seguidores en casa) esperaban ganar la Copa del Mundo de 2022. La realidad es que solo 26 jugadores levantarán el trofeo de la Copa del Mundo este 18 de diciembre. Actualmente en la fase de grupos, las esperanzas de algunos jugadores aún pueden estar vivas, mientras que las esperanzas de otros jugadores pueden estar perdidas completamente.

Quizás con demasiada frecuencia confundimos las esperanzas con los sueños y los deseos. Los sueños involucran fantasear con algo muy deseado, y los deseos involucran algo que probablemente no se logrará o no se podrá lograr. Tampoco hay la seguridad de que lleguen a buen puerto y terminen bien. Por otro lado, tenemos la esperanza, que se define como "*la confianza o la expectativa de lograr una cosa.*" Sería mejor decir que 832 jugadores sueñan con ganar o desean ganar el Mundial de Catar 2022. Y no hay absolutamente nada de malo en ese sueño o deseo.

Ganar el mundial sería un logro muy valorado; sin embargo, para los que están en Cristo, el Apóstol Pablo nos recuerda, "*¿No sabéis que los que corren en el estadio, todos a la verdad corren, pero uno solo se lleva el premio? Corred de tal manera*

Semana 3 | Medio Tiempo

Isaías 40:31

"*Pero los que esperan en el Señor renovarán sus fuerzas... volarán con alas como las águilas... correrán y no se cansarán... caminarán y no se fatigarán.*"

—

"*La esperanza es... una continua mirada hacia el mundo eterno... no... una forma de escapismo o de ilusiones, sino una de las cosas que un cristiano debe hacer.*"

— C.S. Lewis

que lo obtengáis. Todo aquel que lucha, de todo se abstiene; ellos, a la verdad, para recibir una corona corruptible, pero nosotros, una incorruptible." (1 Corintios 9:24-25, RVR1995). Como futbolista sueñas con ganar la Copa del Mundo, entonces trabajas duro para entrenar y competir en un nivel alto. Esto es digno de reconocerse, porque tú quieres hacer todo como para el Señor, pero en este tiempo de Adviento te animo a mirar hacia la esperanza que tenemos en la venida de Cristo, tanto en su nacimiento como en su segunda venida.

Hay alrededor de ciento veinte profecías distintas de la primera venida del Mesías en el Antiguo Testamento. He aquí algunas: Que sería descendiente de Abraham (Génesis 12:3), de la tribu de Judá (Génesis 49:10), heredero de David (Isaías 9:6-7), nacido en Belén (Miqueas 5:2), nacido de una virgen (Isaías 7:14), declarado Hijo de Dios (Salmo 2:7), rechazado por los suyos (Isaías 53:3), traicionado por un amigo (Salmo 41:9), y ejecutado por crucifixión (Zacarías 12:10). Jesús cumple todas y cada una de las profecías del Antiguo Testamento. Las posibilidades de que todas estas profecías se cumplan por una sola persona son de 1 en 84 ... **eso es 1 en 84 x 10^{131}!**

Para los que están en Cristo, nuestra esperanza no está en las cosas de este mundo, sino en las promesas del Reino de Dios. *"no mirando nosotros las cosas que se ven, sino las que no se ven, pues las cosas que se ven son temporales, pero las que no se ven son eternas."* (2 Corintios 4:18, RVR1995). Nuestra esperanza no es un mero deseo o sueño de vida eterna, sino la seguridad de que,

"Cristo nació de la Virgen María, fue crucificado, murió y fue sepultado. Él descendió a los muertos. Al tercer día resucitó. Subió a los cielos y está sentado a la diestra del Padre."

(Credo de los Apóstoles)

¡Esa es nuestra esperanza gloriosa!

~ Reverendo Jordan

La esperanza frustrada... enferma el corazón

Todos hemos tenido esperanzas en ciertos eventos o metas que no se han cumplido. A medida que nos sumergimos a esta Copa del Mundo, cada aficionado, equipo, jugador, entrenador y nación tienen esperanza. Para algunos, es la esperanza de que su equipo solo gane un juego, y para otros, es llegar a los octavos de final, o al quinto partido. La realidad es que 32 países **esperan** que su equipo traiga la copa del mundo a casa.

Tener esperanzas que no se cumplen hace que uno se enferme. Muchos de nosotros, para sentirnos mejor, simplemente manejamos nuestras esperanzas, sabiendo que debemos reducir nuestras expectativas. Renunciamos a la esperanza, el sueño o el anhelo.

Pero, para hacer realidad nuestro sueño, no olvidemos ese árbol de vida abundante. El Adviento está destinado a recordarnos la esperanza que tenemos; pero también es un tiempo de reflexión y valoración. Si somos honestos, nos damos cuenta de que nuestras esperanzas y sueños están puestos en las cosas equivocadas o en las personas equivocadas. El Adviento por sí mismo confronta esto en cada uno de nosotros, y este año, sin duda alguna, la mayoría de las personas alrededor del mundo enfrentará una severa desilusión.

Semana 3 | Pitido Final

Proverbios 13:12

"La esperanza que se demora es tormento del corazón; árbol de vida es el deseo cumplido."

—

Tómese un momento para reflexionar sobre cuáles son sus sueños? ¿Estás esperando las cosas correctas? ¿Qué pasos estás tomando para alcanzar tus metas? ¿Está su esperanza en el lugar o persona correctos?

Pero Jesucristo vino a darnos abundancia, ¡no una Copa del Mundo! Aunque eso sería bueno, ni siquiera se acerca a la abundancia que podemos tener en Jesús. De hecho, Jesús dijo: *"yo he venido para que tengan vida, y la tengan en abundancia"* (Juan 10:10, RVR1995). Tal vez sería mejor decirlo de esta manera, *"no vine solo para darte una Copa del Mundo, o una Navidad perfecta, o cualquier otra cosa que hayas soñado, sino ¡vine a darte mucho más!"*

¿Dónde hemos puesto tú y yo nuestra esperanza?

Necesitamos dar ciertos pasos para aferrarnos a la esperanza que tenemos. Si ya pudiéramos apoderarnos por completo de eso que deseamos, ¿dónde estaría nuestra esperanza? Pero, como aún no lo hemos visto cumplido, lo esperamos. Si nuestra esperanza no está donde debería de estar, solo nos enfermará. Si dependemos de la persona, o evento o cosa equivocada para satisfacer esa esperanza, entonces es un ejercicio de depresión y frustración.

Pero las escrituras cristianas enseñan que la esperanza en Dios es para nuestro bien personal, es decir, es la fuente de consuelo y deseo aquí en la tierra y la felicidad perfecta y duradera en la vida eterna. Es por lo que uno de los grandes catecismos de la iglesia comienza con la pregunta inicial: **"¿Cuál es el propósito principal de la humanidad?"** A lo que la respuesta es clara, esperanzada y rotunda: **"¡Para glorificar a Dios y gozar de él para siempre!"**

¿Qué pasaría si nuestra esperanza se concentrara en el deseo de experimentar la vida abundante prometida por Jesucristo, y dependiéramos de Él para eso? ¿Sería suficiente tal esperanza? ¿Cómo cambiaría eso nuestra vida actual, nuestras actitudes, nuestras relaciones? ¿Cómo juega la fe en esto?

Más sobre eso la próxima semana.

~ Pastor Kurt

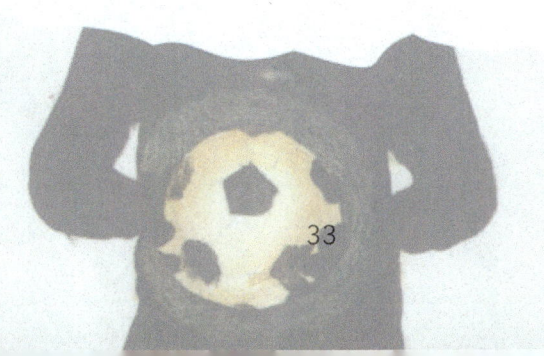

Fe

Semana Cuatro

Dec 4 — 10

(Octavos de Final y Cuartos de Final)

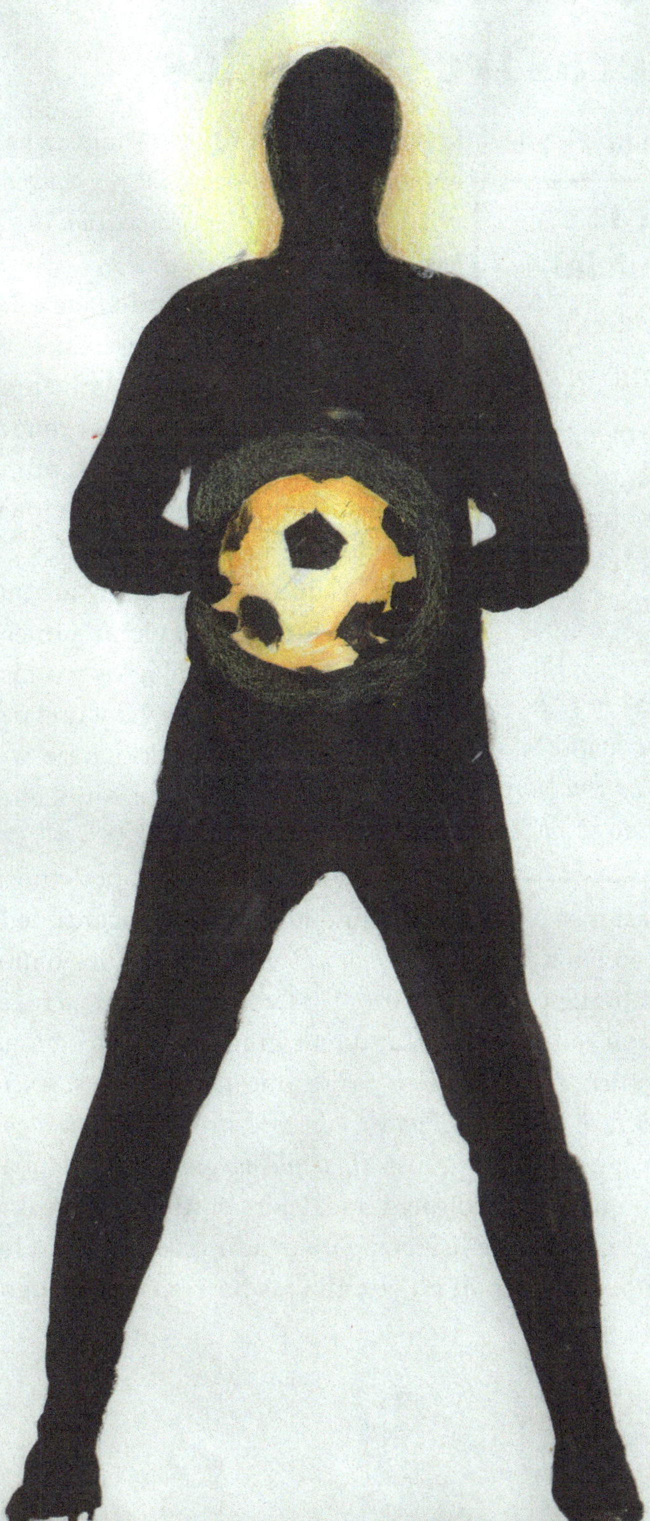

La fe está entre las primeras tres virtudes

Semana 4 | Saque Inicial

I Corintios 13:13; Hebreos 11:1

"Ahora permanecen la fe, la esperanza y el amor, estos tres; pero el mayor de ellos es el amor."

—

"Es, pues, la fe la certeza de lo que se espera, la convicción de lo que no se ve."

Si tu equipo ha llegado hasta aquí, los rumores tal vez ya han comenzado: *"Tú sabes, tal vez ganemos esta vez…"* o *"¡los muchachos podrían llegar hasta la final!"*

Algunas veces cuando la fe está cerca de convertirse en algo visible, nos detenemos vacilantes. Nos volvemos supersticiosos. No queremos echar a perder el momento en el que sentimos que nuestro equipo llega al precipicio de la grandeza. Ciertamente para los futbolistas que se esfuerzan y juegan en la Copa del Mundo. Una victoria traerá elogios incalculables, elogios y otras recompensas terrenales. Hay una parte de nosotros que quiere creerlo, pero también otra parte que no quiere creerlo, tenemos miedo de creerlo.

De la misma manera, podemos algunas ocasiones expresar sentimientos similares acerca de Dios. Si creemos en Dios – bueno, eso tal vez eso será un precio muy alto, muy caliente para manejarlo. Una vez le pregunte a un joven futbolista cúal sentía el que era su más grande barrera o bloqueo que le impediría creer en Dios. ¿Su respuesta? *"Bueno, si yo creo y si El resulta ser real, entonces El potencialmente me hará que, de algo a cambio, algo que yo realmente disfruto y que me gusta."* ¡El estaba preocupado que Dios le pidiera que dejara el futbol (entre otras cosas)! Hay razones que usamos para evadir creer en algo. **Toma un momento: escribe o di en voz alta las barreras o bloqueos de fe tuyas.**

Hebreos 11:1 proporciona una definición convincente y distinta para entender la fe con dos elementos clave: **seguridad** y **certeza**. Sin embargo, ¿qué hacen esas palabras con nuestra comprensión típica de la fe? ¿Es la fe mera aceptación ciega, sin ninguna actividad de la mente o la voluntad? O vemos la fe más diminuta, ¿cómo si solo necesitásemos la fe de un niño?

Apoyamos razones y excusas para no desarrollar o estirar los *"músculos"* de la fe. Pero palabras como **seguridad** y **certeza** no son palabras débiles e ilusionadas. Estas son palabras y conceptos de confianza que normalmente no asociamos con la fe.

La escritura de hoy ubica sólidamente la fe en las tres principales virtudes teológicas cristianas por una razón. Veras, la fe siempre se realiza, siempre se ve. Es una realidad en el aquí y ahora. Mientras que la esperanza siempre está **orientada hacia el futuro**, la fe está en **el presente**. Hay un día en que la fe deja de ser necesaria, independientemente del resultado. Nunca se queda en un misterio. La fe en Jesús, por ejemplo, un día se convertirá en vista. En un momento, ¡confirmación! O Jesús es quien dice ser, o mucha gente descubrirá que ha vivido una vida buena y moral en vano.

Así que, si la fe se trata de **seguridad** y **certeza**, entonces, ¿Dónde hemos puesto nuestra fe? ¿De qué estamos más seguros? Todos ponemos nuestra fe en algo o en alguien, pero ¿tenemos **seguridad** y **certeza**?

Hoy tal vez creamos que nuestro equipo nacional ganará la Copa Mundial. O tal vez estaremos a punto de que otro momento fiel se haga realidad, ¿Se caracteriza nuestra fe en esas cosas por la seguridad y la certeza? ¿Nos damos cuenta de que podemos tener **seguridad** y **certeza** cuando se trata de Jesús y de Su Palabra?

~ **Reverendo Brad**

Algunas veces la fe es todo lo que tenemos

Semana 4 | Medio Tiempo
Mateo 17:20

"...si tuvieran fe, aunque fuera tan pequeña como una semilla de mostaza, podrían decirle a esta montaña: "Muévete de aquí hasta allá", y la montaña se movería. Nada sería imposible." (NTV)

"La fe es una confianza viva y audaz en la gracia de Dios, tan segura del favor de Dios que arriesgaría la muerte mil veces confiando en él. Tal confianza y conocimiento de la gracia de Dios te hace feliz, gozoso y audaz en tu relación con Dios y todas las criaturas."

— *Martin Luther*

Para llegar al punto de participar en la Copa del Mundo, tal vez pusiste tu fe en mucha gente, procesos, y recursos. Fe en jóvenes entrenadores que te ayudan a crecer como jugador. Fe en tus entrenadores para mantenerte en forma y rindiendo a un nivel élite. Fe en el utilero para deletrear correctamente tu nombre. Fe en la formación, las tácticas, y las elecciones que hagan los entrenadores para escoger los primeros once jugadores. Fe en el piloto que voló el avión para que llegaras a Qatar. Te aseguro que, si haces un inventario del número de personas en las que tu pusiste tu fe para llegar a este punto, rápidamente perderías el conteo.

En la Biblia, María, la madre de Jesús, puso mucha fe en Dios. Tomó mucha fe para aceptar quedar embarazada por el poder del Espíritu Santo. José, igualmente, puso mucha fe en la visita del ángel quien le dijo que María había concebido por el Espíritu Santo, y que no tuviera miedo de tomar a María por esposa. Tomo mucha fe estar comprometido con una adolescente embarazada en el mundo antiguo.

María y José son solo dos ejemplos en la Biblia de esos que pusieron su fe en Dios (veamos también Hebreos 11). Pero así como Jesús dijo a sus discípulos *"De cierto les digo, que, si tuviereis fe como un grano de mostaza, diréis a este monte: Pásate de aquí allá, y se pasará. Nada os será imposible."* (Mateo 17:20, RVR 1995).

Algunas veces la fe es todo lo que tenemos. En el campo, fe en nuestros entrenadores y en su capacidad para liderar y tomar las mejores decisiones que son las mejores para el equipo. Fe en nuestros compañeros que lo dan todo cada vez que están en el campo.

A través de toda la Biblia, el pueblo de Dios vive la vida por fe. Y esa fe no es una fe ciega, un sueño o una ilusión. Es una fe basada en las verdades de Dios que se nos revela en la Biblia y en la creación. Fe en un Dios amoroso que te creo a ti y envió a su Hijo, Jesucristo, a morir por ti. Es la fe que *"Cristo se ofreció una vez y para siempre como un sacrificio que quita los pecados de muchos. El vendrá otra vez, no para lidiar con nuestro pecado, sino para traer salvación a todos aquellos que le están esperando fervientemente."* (Hebreos 9:28, NTV)

Así que hoy, anímate. Encuentra confianza en tu fe. Si has puesto tu fe en Cristo Jesús como Señor, tu fe te ha sido contada por justicia (Romanos 4:3) y el Espíritu Santo ahora mora dentro de ti para guiarte y darte paz hoy y para siempre.

~ **Reverendo Jordan**

Fe y certeza

Cuando pensamos en la fe, tendemos a entenderla en el contexto de la creencia y la verdad comprendidas por el ejercicio de nuestra voluntad. Cuando hacemos esto, se vuelve casi imposible vivir en un lugar de certeza. Nos encontramos golpeándonos a nosotros mismos cuando tratamos de llevarnos a un lugar de certeza, solo para vivir en un lugar de condenación.

Sin embargo, ¿qué pasaría si la fe fuera entendida en el contexto de una relación y usáramos palabras como confianza, y fidelidad? ¿Cambiaria algo? ¿Cambiaria la forma en que leemos la historia de Navidad? Espero que si, porque entonces entenderíamos verdaderamente el significado más profundo de la Navidad como demostración del amor inconmensurable de Dios por su pueblo a través de la provisión de su Hijo: un acto de paz, una restauración de la relación Dios/humano, por un Dios fiel.

Creo que Dios quiso que la fe fuera un concepto relacional. El utiliza el matrimonio para describir su fidelidad con su pueblo y nos llama a vivir en fidelidad a El. Podemos tener confianza en su carácter y saber en lo profundo de nuestras almas que El siempre será fiel – la certeza de su amor, compasión y misericordia.

Una cosa es creer en alguien, y otra muy diferente confiarles tu propia vida. En la mas simple ilustración, creo que hay varios equilibristas que pueden empujar una carretilla llena de

---

Semana 4 | Pitido Final

Hebreos 11:6

"Pero sin fe es imposible agradar a Dios, porque es necesario que el que se acerca a Dios crea que él existe y que recompensa a los que lo buscan."

—

Puedes leer sobre la fe de María y Zacarías en Lucas 1. Puedes leer sobre muchas historias sobre la fe en Hebreos 11.

ladrillos a través de un gran abismo, ¡pero yo **No** voy a subirme a la carretilla! Lamentablemente, muchas personas creen que Dios puede salvarlas, pero la mayoría de las personas no están dispuestas a subirse a la carretilla.

Cuando el ángel Gabriel se apareció a María en Nazaret (ver Lucas 1) y le dijo lo que Dios estaba a punto de hacer, podría haber respondido como Zacarias lo hizo, *"Yo creo que tu puedes hacer esto, pero yo no estoy seguro que tú me puedas usarme a mí y a mi esposa."* En lugar de eso, María respondió en fe, *"Hágase con tu sierva como haz dicho."*

Un líder religioso dijo que vio la fe desde una posición de transacción, el otro provino de una adolescente que vio la fe desde una posición de relación con Dios. ¿Qué posición se siente mejor para ti?

Espero que podamos leer declaraciones sobre la fe en las Escrituras desde una postura relacional. ¿No cambiaría la forma en que entendemos la curación? ¿No cambiaría la forma en que entendemos la salvación? El autor de Hebreos (11:6) dice esto: *"Y sin fe es imposible agradar a Dios…"*

Comprometer la creencia y la verdad con nuestra voluntad en nuestro viaje de fe es un gran lugar para comenzar a reparar nuestra posición relacional con Dios. Y al hacerlo, nuestra fe se convierte en certeza, confianza y seguridad. Y nos encontraremos transformados en hijos fieles (no del todo perfectos) de un Dios fiel.

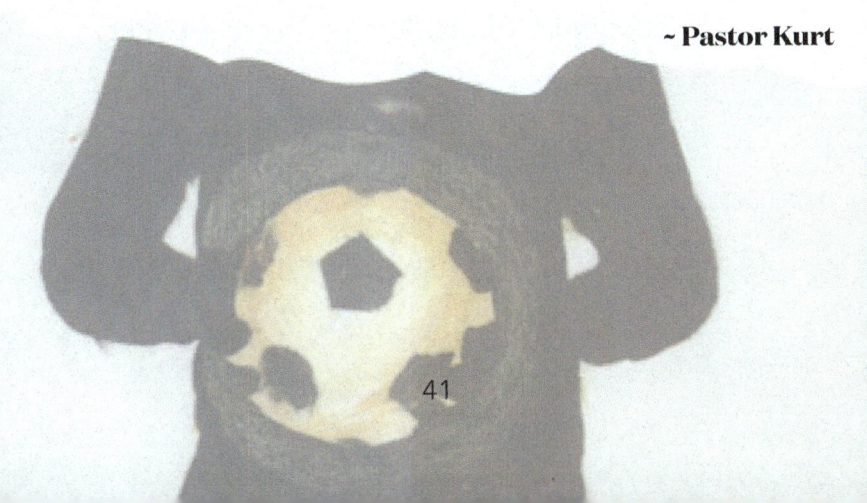

~ **Pastor Kurt**

Alegría
Semana Cinco

Dec 11 – 17

(Semifinales y Partido por el Tercer Lugar)

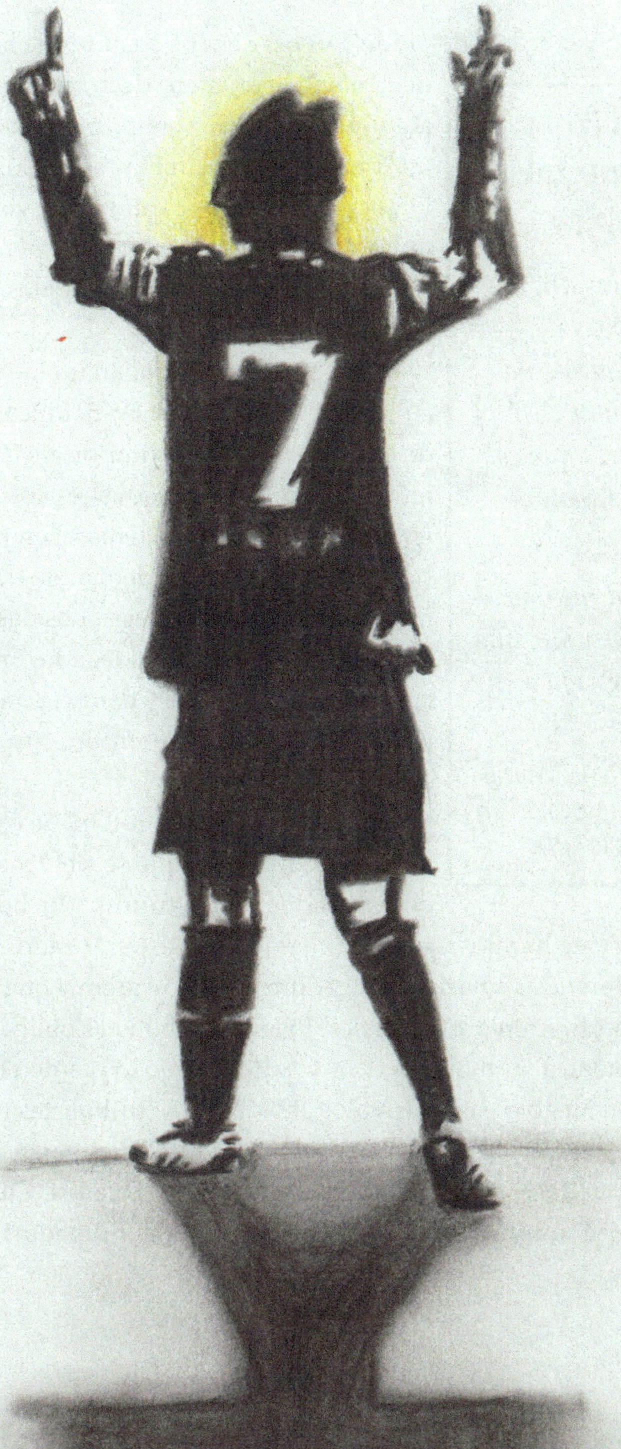
7

Descubriendo la verdadera alegría

> **Semana 5 | Saque Inicial**
>
> Lucas 2:10-11
>
> *"el ángel les dijo:, yo os doy nuevas de gran gozo...que os ha nacido hoy...un Salvador...que es Cristo el Señor."*
>
> ---
>
> *"Alegría al mundo, el Señor ha venido; que la tierra reciba a su Rey..."*
>
> — de *Joy to the World*, villancico inglés, *Isaac Watts (1719)*

¿Alguna vez te has detenido a pensar en los pastores de la historia de la navidad? Quiero decir, ¿por qué tanto alboroto? ¿Por qué son los primeros en ser informados del nacimiento de Jesús? El Evangelio de Lucas captura una visión única de este extraño elenco de personajes que reciben noticias sorprendentes y se apresuran a verlas.

Los pastores ocupaban un lugar único en la sociedad antigua. Eran, típicamente, de bajo estatus social e importancia; no tenían futuro. Los más jóvenes, los más pequeños, sin hijos, no tenían herencia ni riqueza. Para subsistir debían de trabajar muy duro cuidando ovejas. Los pastores no tenían poder, posición ni legado. Entonces, cuando el ángel viene y anuncia un hijo, ha nacido un Salvador, ese futuro sin esperanza cambia.

Como capellán de fútbol, he conocido a muchos jugadores que se sienten desesperados por su futuro. Muchos dejan de disfrutar este hermoso juego sintiéndose desesperanzados. Grandes diferencias salariales. Jugadores de la Academia que no logran convertirse en profesionales. Jóvenes futbolistas obligados a la jubilación médica. Futbolistas ricos y exitosos que lo pierden todo con adicciones al juego o gastos frívolos. 99,9% de los futbolistas necesitan una segunda carrera. Si bien no son marginados socialmente, los futbolistas pueden terminar sintiéndose desesperanzados. **Cuando eso ocurre, ¡se muere toda la alegría y felicidad del jugador!**

Hoy, quizás necesites un mensajero que te entregue *"buenas nuevas de gran gozo."* ¿Quizás su agente le está llamando con un nuevo contrato? ¿El médico que te envía un mensaje de texto diciendo que la tomografía salió limpia y que volverás a jugar pronto? ¿Quizás tu novia o novio, acaba de decir sí al matrimonio y a este loco viaje de la vida futbolística? ¿Qué mensaje podría *impulsarte* o *animarte* a buscar?

Es difícil saber dónde encontrar alegría y la felicidad. Parece una persecución de por vida. Intentamos muchas cosas. Experimentamos con drogas y alcohol, sexo, relaciones, adicción al trabajo, viajes de placer, o en la religión y muchas más cosas. CS Lewis dijo una vez,

La felicidad no es un sustituto del sexo; el sexo es muy a menudo un sustituto de la felicidad. A veces me pregunto si todos los placeres no son sustitutos de la felicidad. Recuerda, todo felicidad, nunca es una posesión, siempre es un deseo de alcanzar algo más antiguo o lejano o incluso es algo 'a punto de surgir'.

Lewis insinúa que la felicidad es muy cambiante, y por lo general confundimos el placer con ella. Los placeres son pasajeros, carnales, dejándonos insatisfechos y con ganas de más. Los placeres se sienten bien, ¡no me malinterpreten! Pero disminuye su nivel de satisfacción con el tiempo. Los deseos aumentan en lugar de ser saciados.

Pasamos gran parte de la vida buscando alguna forma de conseguir la felicidad. Pero y ¿si la alegría y la felicidad no es en realidad algo que se obtiene, sino algo que nos mantiene buscando? Si la alegría es un *"deseo de algo que sucedió hace tiempo, cercano o lejano, o que aún está a punto de suceder"*, entonces es probable que sea un eco de algo más profundo, más espiritual, tal vez algo que no podemos comprender por completo en esta vida.

La próxima semana, un equipo alzará la Copa del Mundo. Una nación se regocijará. Pero incluso el brillo y la gloria de la Copa del Mundo es un placer momentáneo. La gente del fútbol y la gente de fe **deben** mirar más allá de la felicidad de ganar la Copa, deben mirar hacia la realidad más profunda y eterna a la que quieren llegar. Y cuando lo hagamos, se encontrará la verdadera alegría.

~ **Reverendo Brad**

Disfruta siempre, y después, ¡sigue disfrutando!

Si nunca lo has hecho, te animo a que leas la carta de Pablo a la Iglesia de Filipos (también conocida como el libro de Filipenses) de principio a fin. Son solo cuatro capítulos cortos. En esta carta, Pablo usa la palabra gozo (como una derivación de la palabra regocijarse o alegrarse) muchas veces.

Los pasajes bíblicos pueden sonar como una charla matutina de autoayuda, o motivacional... y en cierto sentido, lo son. Sin embargo, cuando consideras que Pablo escribió esta carta mientras estaba en prisión, y le está escribiendo a la gente de Filipos, que estaban soportando la persecución por su fe en Jesucristo, te hace preguntarte, ¿cómo puede Pablo escribir de esta manera sobre el gozo en medio de estas circunstancias?

Es porque él no se concentró en sus dificultades y sé enfocó en Dios. El se regocijó porque sabía que ser cristiano no significaba necesariamente que la vida sea más fácil, porque siempre habrá pruebas. Siempre habrá circunstancias o situaciones difíciles. Eso no significa que tengamos que escapar. Te lo vuelvo a repetir: Conocer a Dios a través de Jesucristo no es una promesa de una vida fácil. En muchas partes del mundo, garantiza la persecución hasta cierto punto.

Entonces, ¿por qué tantos entregan sus vidas a Cristo y lo hacen con alegría? Porque la fe en Cristo trae el verdadero gozo. No la felicidad que se desvanece, aunque traigas un auto nuevo o una casa nueva y lujosa, sino el gozo de tener una relación íntima con el Creador de la tierra y los cielos, el gozo de saber que vives

---

Semana 5 | Medio Tiempo

Filipenses 4:4

"Estén siempre llenos de alegría en el Señor. Lo repito, ¡alégrense!"
(NTV)

—

"No hay una brizna de hierba, no hay color en este mundo que no esté destinado a hacernos regocijar."
— John Calvin

en esa comunión con Dios y te espera esa eternidad deseada, la capacidad de encontrar gozo en todas las circunstancias, y la fuerza para amar a tu prójimo como a ti mismo (Marcos 12:28-34). En todas tus circunstancias difíciles, ¡no te desesperes! ¡Se feliz! La alegría es una de las grandes virtudes cristianas y fruto del Santo Espíritu de Dios.

En unos días, un equipo conocerá la inexplicable felicidad de ganar la Copa del Mundo, un verdadero honor y un gran logro. Esto se logrará a través de momentos de dolor, angustia, decepción y todas las demás emociones que inevitablemente traerá toda la carrera hacia la Copa del Mundo. Los altibajos, y las frustraciones de la mala ejecución en el campo de juego, los malos arbitrajes y tal vez incluso los errores del entrenador. Pero al final, con la gran victoria, todo se olvidará. El equipo ganador llevara la alegría a sus seguidores, a su nación y a todos aquellos que invirtieron tiempo, energía, dineros y más cosas para ayudar al equipo a lograr algo realmente grandioso.

Pero fíjate, este gozo es pasajero. No es verdadera felicidad, porque se desvanece. Sí, todos serán felices, pero la felicidad es una virtud del mundo. La próxima carrera para obtener la Copa mundial volverá a ser en cuatro años más. Tiene que hacerse todo de nuevo sin resultados garantizados.

La verdadera felicidad proviene de un caminar cercano con Dios. Una relación personal con Cristo como Señor y Salvador, porque el siempre estará con nosotros. ¡Es permanente y eterno! No hay necesidad de volver a empezar de nuevo. Es una alegría que dura para siempre. Espero que experimentes esa experiencia plena y gratificante de la vida en Cristo.

~ **Reverendo Jordan**

Júbilo y alegría

¿Cuáles son esos momentos en tu vida cuando estabas lleno de euforia y alegría abrumadora? Tal vez sea el día de una boda, el nacimiento de un hijo o al ganar la lotería. Tal vez fue marcar el gol de la victoria en un campeonato o ver a tu país ganar su primera Copa del Mundo. Nuestras circunstancias ciertamente pueden afectar nuestra euforia y alegría, ¡pero espero que su alegría no dependa de los resultados!

> Mateo 6:19-21
>
> *"No almacenes tesoros aquí en la tierra… Almacena tus tesoros en el cielo…Donde esté tu tesoro, allí estarán también los deseos de tu corazón."*
>
> —
>
> Puede leer más sobre la euforia y el gozo de los pastores en Lucas 2.

Esta semana, muchas personas en todo el mundo estarán tristes porque su equipo perdió, esto es porque su esperanza y fe estaban arraigadas en una circunstancia o resultado. ¿Dónde buscamos la alegría y la felicidad? ¿Usted o su equipo compitieron de la manera correcta?

Nuestro mundo parece consumido por la búsqueda de la felicidad a través de los resultados. Perseguimos la gratificación instantánea y nos encontramos buscando satisfacción a expensas de la verdadera alegría. Es como si estuviéramos buscando la satisfacción de nuestra sed en un vaso de polvo.

Hay que recordar que el proceso para encontrar el gozo es más importante que cualquier resultado. Hacer las cosas correctas de la manera correcta conducirá a la satisfacción, sea cual sea el resultado. Claro, hay tristeza cuando no obtenemos el resultado que queremos, pero podemos conocer la alegría y la satisfacción en el proceso. Un gol marcado como el de la *"Mano de Dios"* no es tan satisfactorio como el driblar a seis jugadores diferentes para marcar (¡gracias al VAR, esa injusticia del primero nunca volverá a suceder!). El mismo jugador, el mismo juego, el mismo resultado, pero uno da una sensación diferente de euforia y alegría debido a la satisfacción en el proceso.

¿Alguna vez trataste de engañar en un proceso solo para obtener un resultado más fácil? ¡No hay atajos para obtener el resultado deseado! Eso es ciertamente una cosa que nos enseña el fútbol. Se necesita compromiso, dedicación, trabajo duro y perseverancia. Los jugadores deben estar hambrientos, sedientos, por la victoria y, por lo tanto, se dedicarán alegremente al 100 % a buscar ese resultado. Incluso entonces, ¡todo eso no garantiza el resultado deseado!

Pero para aquellos que buscan a Cristo, ¡el resultado siempre está garantizado! El Adviento es un buen momento para considerar nuestra búsqueda de alegría y satisfacción. ¿Sabes que Jesús dijo que los que tienen hambre y sed de justicia serán saciados? También dijo que, si buscamos primero Su Reino y su justicia, todo lo demás será resuelto. Buscar la felicidad y la euforia de una manera ilegitima nunca es una buena idea y no traerá satisfacción.

Hay muchas historias de personas que encuentran euforia y alegría en la historia de la Navidad, desde el nacimiento del niño hasta la salvación ofrecida a las personas menos favorecidas. Pero también vemos personas que encuentran alegría fugaz en el materialismo de la Navidad. *"No os hagáis tesoros en la tierra, . . . sino haceos, tesoros en el cielo. . . Porque donde esté vuestro tesoro, allí estará también vuestro corazón"* (Mateo 6:19-21. RVR1995).

¿Donde esta tu corazón? ¿Cómo buscamos la euforia y el gozo en esta Navidad? Si estás en el lugar correcto, responderemos maravillosamente en alabanza y adoración a Dios.

~ **Pastor Kurt**

Paz
Semana Seis

Dec 18 — 24

(Final de la Copa del Mundo y Nochebuena)

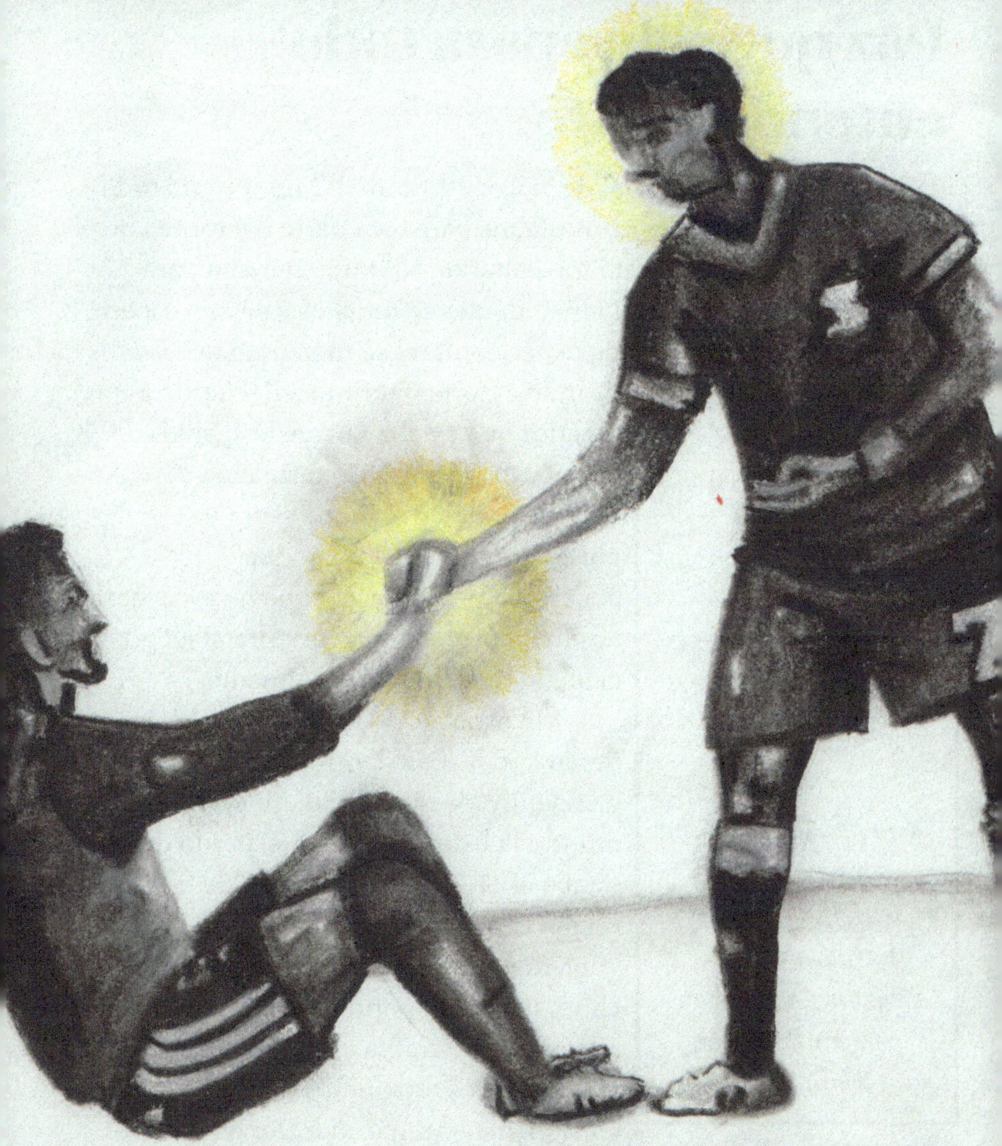

Paz que sobrepasa todo entendimiento

¡Este es el día! ¡La final de la Copa Mundial! Muy pronto toda la energía y el fervor se acumulados para esta parte del torneo de la Copa Mundial se terminará. Faltando solo una semana para Navidad, tal vez muchos están en espera de experimentar ese momento de *"paz"* cuando el torneo termine. Recuerdo a un jugador que estaba tan ansioso antes de cada partido, que se enfermaba y vomitaba. No importaba si era un partido regular – el no podía experimentar paz hasta que no escuchara el silbatazo que daba apertura al juego, y el juego comenzara oficialmente.

Mientras más viejo me hago, más deseo la paz. Paz dentro de mi hogar, paz dentro de mi ciudad, mi país, el mundo la lista continúa. Recuerdo donde estaba el 11 de septiembre del 2001. Fue un día extraño. Me pregunto si el mundo volverá a ver la paz de nuevo. Últimamente la pandemia mundial, la invasión de Ucrania y la guerra de Rusia, y tantos otros momentos de conflicto y tensión, me hacen dudar. Tengo amigos muy queridos en Ciudad Juárez que viven y soportan la violencia de los cárteles de la droga. Muchos de los que conozco en el fútbol, especialmente de África y Asia, han visto sus vidas cambiadas y desarraigadas por la guerra y la violencia: han huido del continente y del país en busca de una vida mejor, una vida más pacífica.

Semana 6 | Saque Inicial

Lucas 2:14;
Filipenses 4:7

*"¡Gloria a Dios en las alturas
y en la tierra paz,
buena voluntad para
con los hombres!"*

—

*"Y la paz de Dios, que
sobrepasa todo
entendimiento,
guardará vuestros
corazones y vuestros
pensamientos en
Cristo Jesús."*

Como un seguidor de Jesús, he llegado a comprender que existe una gran diferencia entre lo que el mundo promueve como paz y lo que (en las Escrituras) se conoce como la paz de Dios. El sentido de paz del mundo se trata más de descanso y tranquilidad. La paz trascendente de Dios significa que incluso en medio del conflicto y la agitación, una persona puede sentirse en paz y con paz. Una canción de hace muchos años lo describía así: *A veces {Dios} calma la tempestad y otras veces calma a su hijo*. La paz de Dios se trata de un tipo de paz interior para la mente y el alma. No se puede comprar, fabricar ni manipular. Es una paz que "*sobrepasa todo entendimiento*." Tal vez lo hayas visto en un compañero de fútbol o en un amigo. Pasan por algo completamente devastador, completamente estremecedor, y no es que no expresen emoción, enojo o dolor, pero tienen una sensación de estabilidad y paz a pesar de lo que están pasando.

¿Cuál es tu experiencia de paz? ¿Hay algún entorno idílico por el que suspiras o esperas? ¿Has experimentado una paz como la paz de Dios descrita en las Escrituras? ¿Tu familia, tu país, tu gente, ha sido tocada por la guerra? ¿Te resulta difícil experimentar la paz debido al racismo, el sexismo, la discriminación por edad u otras formas de persecución y discriminación? Somos un mundo quebrantado porque no hemos restaurado las correctas relaciones con Dios, con nuestro prójimo, con el orden creado e incluso con nosotros mismos. La paz autentica y duradera se nos escapa. Cristo vino a restaurar todas las relaciones y bañarnos con una paz verdadera que realmente está más allá de nuestro entendimiento.

Hasta que suene el silbato inicial….

~ **Reverendo Brad**

No es una paz forzada

Imagina que es el medio tiempo ahora. ¿Estás en paz con el desempeño de tu equipo durante este medio tiempo? ¿Qué le dirías a tu equipo en los vestidores?

En el mundo actual, la palabra paz generalmente significa ausencia de conflicto o guerra. Por lo general, es una señal que haces con el índice y el segundo dedo en forma de *"V"* cuando tomas una selfie u otra imagen para publicar en las redes sociales. Es algo que dicen las generaciones más jóvenes al salir de una reunión. Es una esperanza o un sueño que las guerrea cesarían, las discusiones nunca ocurrirían y todos se llevarían bien.

Durante los últimos 3,400 años, solo ha habido 268 años en total en los que no hubo guerras eso <u>es un 8%</u>.

La famosa *"Pax Romana"* o Paz Romana del imperio romano, desde el exterior parece un largo período de relativa paz en todo el mundo antiguo. Sin embargo, *"Pax Imperia"* puede ser una mejor descripción de esos tiempos, una paz imperial o forzada provocada por el poder absoluto del gobierno romano. Duró doscientos años, y la narración de Jesucristo ocurrió durante la primera parte de ese período (27 a.C. – 180 d.C.)

Este Adviento celebramos una oferta venidera de verdadera paz a todos los que creen (en Cristo) y la gozosa expectativa de paz para siempre con Dios en el cielo. Es por eso

---

Semana 6 | Medio Tiempo

Juan 14:27

"Les dejo un regalo: paz en la mente y en el corazón. Y la paz que yo doy es un regalo que el mundo no puede dar. Así que no se angustien ni tengan miedo." (NTV)

—

"Si Dios es nuestro Dios, Él nos dará paz en la tribulación. Cuando hay una tormenta afuera, Él hará la paz adentro. El mundo puede crear problemas en la paz, pero Dios puede crear paz en los problemas."

— *Thomas Watson*

Jesús les dijo a sus mejores amigos: *"Les dejo un regalo: paz mental y de corazón. Y la paz que doy es un regalo que el mundo no puede dar. Así que no se turben ni tengan miedo"* (Juan 14:27, NTV). La relación con Jesús significa paz para sus seguidores y amigos.

La paz también proviene de saber que hay un Dios en el cielo que te conoce y que te ama desde el principio de los tiempos, y cuando nos alejamos de el en pecado, nos ofrece un camino de regreso a la paz con él. Hasta entonces, Dios nos ha dado el don de la oración para poner todas nuestras preocupaciones, temores, cargas y ansiedades delante de El para restaurar nuestra paz.

Esta paz que sobrepasa todo entendimiento [humano] (Filipenses 4:7), es una paz que nada en este mundo puede darnos. No se nos impone la paz, aunque él tiene el poder y la autoridad para hacerlo, sino que se nos ofrece la paz como una opción.

"No te preocupes por nada; en cambio oren por todo. Dile a Dios lo que necesitas y agradécele por todo lo que ha hecho. Entonces experimentaras la paz de Dios que sobrepasa todo entendimiento. Y su paz guardara vuestro corazones y mentes mientras vivirán en Cristo Jesús… Sigan poniendo en práctica todo lo que aprendieron y recibieron de mí, todo lo que escucharon de mi y me vieron hacer. Entonces el Dios de paz estará con ustedes" (Filipenses 4:6-9, NTV)

Que este medio tiempo, esta pausa en el juego, sea un momento para reflexionar sobre la hermosa oferta de Dios, paz no forzada.

~ **Reverendo Jordan**

¿Intrepido o valiente?

Sabemos que el miedo es natural y un don que nos aleja de conductas peligrosas. Si no tienes miedo a las alturas, puedes caminar por un precipicio, Si no tienes miedo al fuego, puedes quemarte hasta morir. Si no tienes miedo al dolor, puedes cortarte la mano. Si no le temes a la gente, es posible que se aprovechen de ti.

El miedo es valioso, pero claramente hay una diferencia entre el miedo **vigorizante** y el miedo **debilitante**.

Me encanta ver deportes: prácticamente todos los deportes requieren coraje para tener éxito. Admiramos al mariscal de campo que se pone de pie y se entrega frente a un peligro severo. Admiramos al tenista que se arriesga con un tiro al pasar por la línea. Nos impresiona el futbolista que se arriesga a las críticas por lanzar un remate cruzado sin usar el toque para asentar el balón. Decimos que son valientes.

La valentía no es la ausencia de miedo, sino hacer algo a pesar del miedo. Si no hay miedo, entonces no es valentía, es pura arrogancia.

> **Semana 6 | Pitido Final**
>
> Filipenses 4:9
>
> *"Lo que aprendisteis, recibisteis, oísteis y visteis en mí, esto haced; y el Dios de paz estará con vosotros."*
>
> —
>
> Lea la carta de Pablo a los filipenses; particularmente el capítulo 4, versículos 4-7. ¿Cuáles son algunos pasos para experimentar una paz que supere sus circunstancias?

A lo largo de la historia de Navidad vemos miedo, particularmente relacionado con la aparición de los ángeles. La gente creía que la aparición de un ángel significaba que estaban a punto de encontrarse con su Hacedor. Horrible seria ver a uno que brilla como el sol y habla con la voz de Dios. Por eso, los ángeles aparecen con una voz común: *"No temas, se valiente."*

Muchos años antes, escuchamos palabras similares dirigidas a Josué: *"Se audaz y valiente; no te asustes."* El comportamiento valiente fue hacer todo lo que Dios le había mandado. Lo mismo es cierto para cada persona en la historia de Navidad. Hacer solo lo que Dios ha mandado es ser valiente y audaz en nuestra fe, a pesar de lo que parece ser una propuesta perdedora. Para aquellos que son valientes a pesar de sus miedos, a esos se les da paz. Para recibir la paz debemos confiar en Dios; las personas de fe pueden vivir en abundancia frente al miedo. Sabemos que estamos en las manos de Dios, y gracias a Jesús, esto es algo bueno. Por lo tanto, no importa cúal sea la situación, tengamos buen ánimo y tengamos paz.

¿Me pregunto qué han sentido los jugadores en el campo durante la Copa del Mundo? ¿Miedo o coraje? ¿Intrépido o valiente? Si hubieran sido fieles en sus preparativos, su miedo habría sido **vigorizante**. Pero si hubieran estado holgazaneando, es probable que sufran un miedo **debilitante**, una condición que expuso todas sus debilidades y falta de preparación. Habrá sido incapaz de ser valiente. Y ese es un mal lugar psicológico para estar en cualquier momento, pero especialmente en la olla de presión de la competencia de la Copa del Mundo.

¿Qué miedos estas enfrentando con valentía hoy? ¿Cómo estas experimentando la paz frente a la adversidad? ¿Cómo te han ayudado los preparativos a enfrentar este desafío actual con una confianza gozosa?

~ **Pastor Kurt**

Amor
Semana Siete

Dec 25 — 31

(Día de la Navidad y Fin de Año)

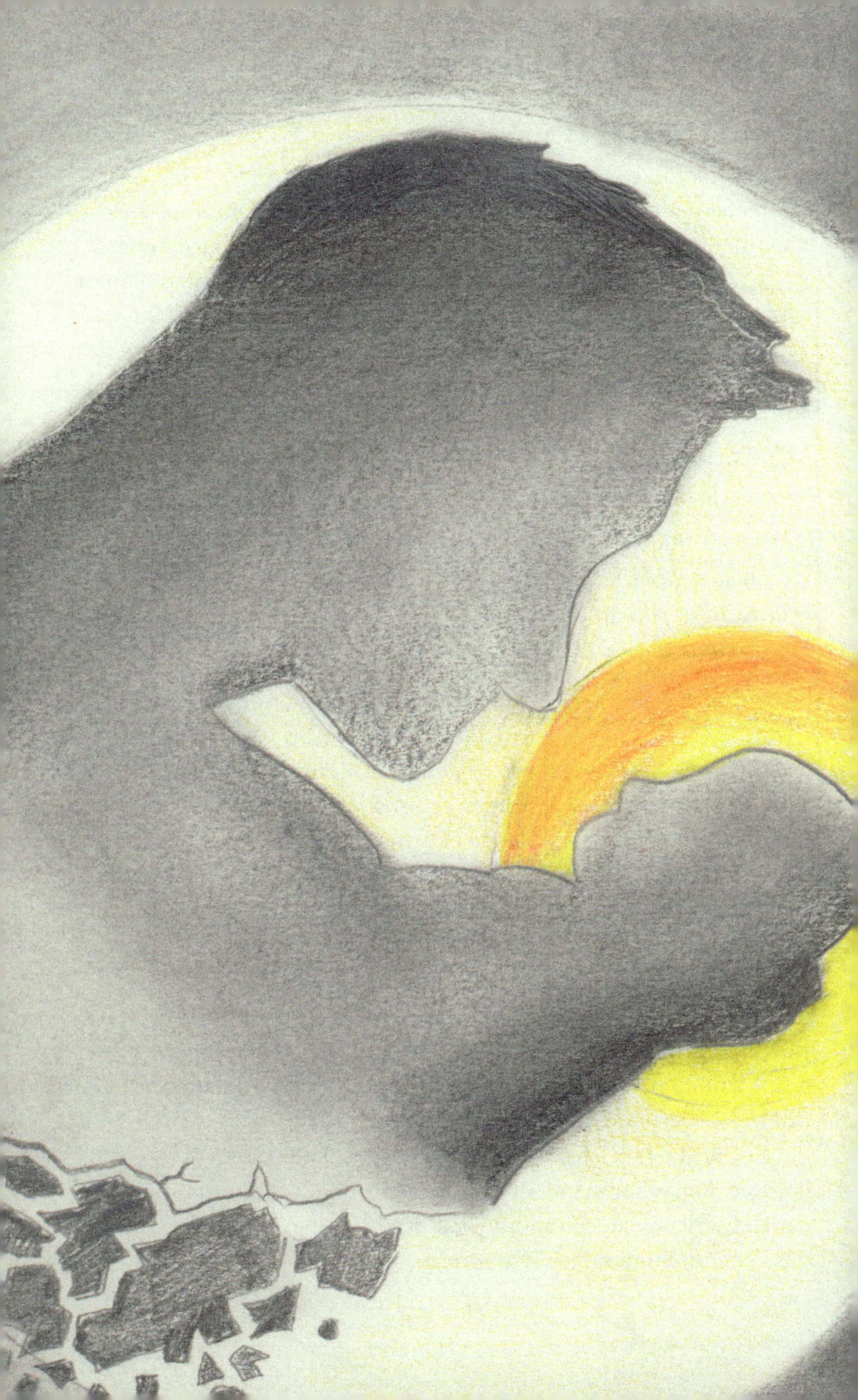

Amor, el mejor de todos los tiempos

¡Feliz navidad! Hoy es monumental porque celebramos el nacimiento y el primer *"adventus"* (llegada) de Jesús hace tantos años. Su nacimiento es un signo del amor y cuidado de Dios por el mundo. Su vida, muerte y resurrección son parte del plan de Dios para reconciliar Su relación con las personas que se rompió completamente en ese maravilloso Jardín del Edén creado por Dios. Pero ¿por qué es el amor el mejor de todos los tiempos?

> **Semana 7 | Saque Inicial**
>
> Juan 3:16;
> I Corintios 13:13
>
> *"De tal manera amó Dios al mundo, que ha dado a su Hijo unigénito, para que todo aquel que en él cree no se pierda, sino que tenga vida eterna"*
>
> —
>
> *"Ahora permanecen la fe, la esperanza y el **amor**, estos tres; pero el mayor de ellos es el amor."*

Ya hemos mencionado que la fe se encuentra entre las tres primeras virtudes cristianas, y la esperanza es el segundo lugar, pero ¿por qué dice Pablo que el amor es la mayor de las tres virtudes cristianas? En pocas palabras, eso se debe a la eternidad del amor. Vemos el amor y el cuidado de Dios desde el principio, en la creación, incluso en la caída de la humanidad. El amor de Dios hace el primer sacrificio, Él viste a Su precioso pueblo caído, Adán y Eva, como representantes de toda la humanidad. Y luego Su amor viste a Su pueblo redimido en la justicia perfecta de Jesucristo. Así que el amor triunfa no por su papel al principio, sino por su lugar al final.

Recuerda, la fe se manifiesta en hechos. La esperanza se cumple. Pero el amor, el amor nunca termina. Las últimas páginas de las Escrituras declaran que la morada de Dios es finalmente y para siempre una relación amorosa con Sus amados hijos. Al final, el amor permanece por toda la eternidad. El amor no tiene fin, sigue y sigue. A veces me resulta difícil envolver mi mente alrededor de esta idea.

Tal vez sea más fácil considerar una de las imágenes de amor más fuertes y simples: el amor de una madre por su hijo. Considere el amor de María por Jesús: si tuviéramos tiempo y espacio para enumerar todo lo que ella pasó y soportó en el embarazo, en la vida, después de la muerte, resurrección y ascensión de Jesús, es asombroso para mí todo lo que soportó como un ejemplo de amor.

Sin embargo, el mayor ejemplo de amor lo ejemplifica Jesús. Les dijo a sus mejores amigos que el amor más grande sucede cuando uno *"da su vida por sus amigos"* (Juan 15:13). Jesús hizo esto. Jesús les dice a sus seguidores, a sus amigos, que hagan esto y lo sigan haciendo.

¿Alguna vez alguien ha dado su vida por ti? Tal vez no se pararon frente a una bala ni te apartaron del camino de un tren que se aproximaba, pero tal vez renunciaron a algo o se sacrificaron por ti. He visto a padres trabajar en múltiples trabajos para que un niño pueda jugar. He visto a compañeros de equipo hacerse a un lado para dejar que otro marque el gol y se lleve la gloria. He visto a entrenadores humildes elogiar a los jugadores y desviar la atención de ellos mismos. He visto parejas y cónyuges dejar trabajos, familias y familiaridad por los aspectos desconocidos del fútbol. Gran parte de esto proviene de un lugar de amor humano; ¡El amor de Dios es infinitamente mayor!

Hoy, mientras reflexionas sobre el amor que has experimentado (en el fútbol, en la familia, en la fe), considera como eso justifica una respuesta. Lea y reflexione sobre I Juan 4:7 – 5:12. Considere el gran amor de Dios por nosotros al hacer el último sacrificio, y como Su amor es el mejor de todos los tiempos.

~ Reverendo Brad

¿Buscando el amor ... en todos los lugares correctos?

Todos buscamos amar y ser amados. Más del 60% de las canciones en la historia de la composición de canciones se escribieron sobre el amor. Algunos de mis favoritos personales son:

"*Can't Buy Me Love*" de los Beatles, que expresa la voluntad de dejar de lado todo lo demás por amor.

"*At Last*" de Etta James, se regocija en el alivio que trae el amor que finalmente se ha hecho realidad.

"*Can't Stop the Feeling*" de Justin Timberlake, se deleita con la euforia de estar cerca de una persona con la que tenemos una conexión profunda.

Mientras que "*Ain't No Mountain High Enough*" de Marvin Gaye y Tammi Terrell, celebra el fuerte vínculo de amor y compromiso. Cada canción describe el sentimiento que recibimos de otra persona, y lo llamamos amor.

Sin embargo, Dios demuestra que el amor no se trata de toda esa ola de endorfinas que podemos sentir cuando estamos cerca de una persona que nos atrae. "*El amor de Dios*", dice HW Hoehner, "*busca el mayor bien en el ser amado.*" Las escrituras Cristianas dicen esto: "*De tal manera amó Dios al mundo, que ha dado a su Hijo unigénito, para que todo aquel que en él cree no se pierda, sino que tenga vida eterna.*" (Juan 3:16, RVR1995).

> **Semana 7 | Medio Tiempo**
> Juan 15:13
> *"Nadie tiene mayor amor que éste, que uno ponga su vida por sus amigos."*
>
> —
>
> *"La oscuridad no puede expulsar a la oscuridad; sólo la luz puede hacer eso. El odio no puede expulsar al odio; solo el amor puede hacer eso."*
> — Rev. Dr. Martin Luther King, Jr.

Algunos Cristianos intentan presentar un testimonio del evangelio en estadios y arenas sosteniendo carteles que muestran el mensaje del evangelio de Juan 3:16. Es posible que incluso lo hayas visto en la camiseta de algún jugador expuesta cuando se levantó la camiseta en señal de triunfo después de que se marcara un gol. Por lo general, el mensaje será muy breve: **Jn. 3:16**, esperando que la gente obtenga una biblia y lea el versículo.

Esto es para desviar a las personas de la idea de actuar en su propia naturaleza de buscar desesperadamente encontrar el amor verdadero que buscamos a través de las posesiones o conformarnos con lo más cercano que podamos encontrar al amor. Entramos en relaciones casuales, experimentamos emociones baratas, pensando que estos esfuerzos llenarán el vacío. Creamos falsos mesías (salvadores) a partir del dinero, los coches, el poder, los trofeos, los honores e incluso otras personas, como celebridades o gurús, que afirman saber cómo encontrar el amor. Este no es el caso del verdadero amor, el amor de Dios. Solo sabemos lo que es el verdadero amor de Dios.

"Amados, amémonos unos a otros, porque el amor es de Dios. Todo aquel que ama es nacido de Dios y conoce a Dios. El que no ama no ha conocido a Dios, porque Dios es amor" (1 Juan 4:7-8, RVR1995).

El Adviento y la Navidad son celebraciones de la primera venida de Cristo como bebé y la expectativa de su regreso algún día. Se trata del amor insondable de Dios, ese amor por el cual tomó la forma de un ser humano y murió tomando nuestro lugar. Vale la pena repetirlo: Dios demostró amor al dar a Jesús, no solo como nuestro ejemplo, sino como un sacrificio por nuestros pecados. Aceptar y recibir el amor de Dios a través de Jesús es el único amor que verdaderamente puede satisfacer.

~ **Reverendo Jordan**

Por el amor...

Probablemente hayas escuchado a muchos hablar o escribir sobre el *"Encuentra tu 'POR QUÉ'"*, pudieras tener un 'PORQUE' o incluso puedes encontrarlo en el amor, que es la clave de cualquier 'POR QUÉ.'

Todo lo que hacemos está arraigado en el amor. ¿Porque amo la comida? Bebo café porque me encanta el sabor y necesito la cafeína. Me levanto por la mañana porque amo y soy amado. Sirvo como pastor de una iglesia porque amo a la gente. Sirvo a Dios porque soy amado por Él. ¡Hago las tareas porque... pues yo hago tareas!

Realmente creo que incluso las tareas, prácticas, actividades e incluso las tareas más mundanas pueden y deben estar enraizadas en el amor. Esto se convierte en nuestro 'POR QUÉ.'

Si estás luchando por encontrar un propósito o significado en tu vida, regresa a la pregunta: *"¿Qué y a quién amo lo suficiente como para seguir adelante?"* O, *"¿Quién me ama lo suficiente como para mantenerme en marcha?"*

Cuanto más joven somos, más nos motiva la segunda pregunta. Cuanto más maduro te vuelves, la pregunta se convierte en cómo amamos a los demás. En última instancia, todo se reduce a cuánto nos ama Dios y cómo eso nos motiva e inspira a amar a los demás.

El 'POR QUÉ' de Jesús fue y es amor. El 'POR QUÉ' del Padre fue y es amor. Y el 'PORQUE' del Espíritu Santo es amor también. Él es amor y por amor nos da vida espiritual para que podamos relacionarnos con Dios. Y la prueba de que pertenecemos a Dios se

---

Semana 7 | Pitido Final

I Juan 4:10

"En esto consiste el amor: no en que nosotros hayamos amado a Dios, sino en que él nos amó a nosotros y envió a su Hijo en propiciación..."

—

Leer 1 Juan

ve en nuestro amor mutuo, porque Dios es amor: Padre, Hijo y Espíritu Santo.

Cuando llegamos al final de un torneo, una temporada o una etapa de la vida, todos nos enfrentamos a la necesidad de encontrar nuestro 'POR QUÉ'. Tristemente, muchos se tambalean mientras buscan. Para algunos, es por amor al juego que siguen adelante. Para otros, es por el amor de la multitud. Para otros, es el amor por las endorfinas que obtienen de sus aventuras. Para todas estas personas, el objetivo de su amor es ellos mismos. Pero el verdadero amor se dirige a Dios y al prójimo. Entonces, para algunos, la respuesta a su ¿POR QUÉ? es por el amor de Dios, y ellos sienten el llamado de Él para seguir adelante. Típicamente, para este mismo grupo de personas, su sentido de ¿POR QUÉ? está impulsado por un amor y una compasión por los demás por encima de uno mismo, puramente desviado de un sentido del amor del Padre por nosotros.

La primera carta del Apóstol Juan a la Iglesia es súper corta, pero hay un tema común en todo: el AMOR. Está escrito por un anciano que, junto con su hermano, fueron llamado *"los hijos del trueno"* cuando eran mucho más jóvenes. Cuando escribió su evangelio acerca de Jesús, Juan se refirió a sí mismo en la historia como 'el discípulo a quien Jesús amaba.' Creo que Juan encontró su 'POR QUÉ' y llama a la Iglesia a hacer lo mismo en su carta a la Iglesia (ver 1 Juan).

¿Cuál es tu POR QUÉ para este 2023?

~ **Pastor Kurt**

Adoración

Semana Ocho

Jan 1 – 7

(Año Nuevo y Día de los Reyes Magos)

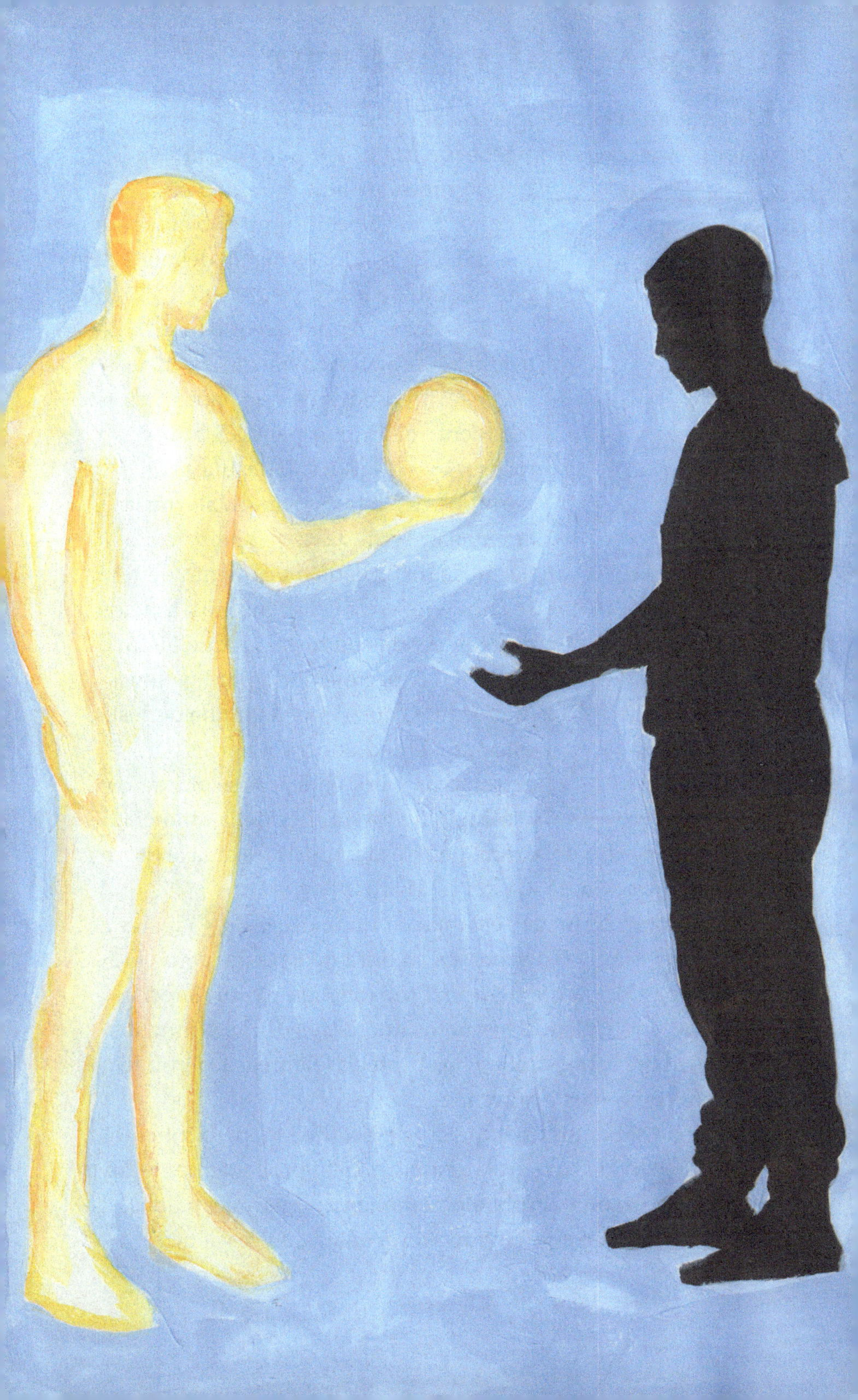

Hemos venido a adorar

Me encanta la etimología (palabra elegante para el origen) de la palabra *"adoración."* Proviene del inglés antiguo *"worth ship"*, que significa atribuir dignidad o reconocer el valor de alguien o algo.

> **Semana 8 | Saque Inicial**
> Mateo 2:2, 11
>
> *"¿Dónde está el rey de los judíos que ha nacido?, pues su estrella hemos visto en el oriente y venimos a adorarlo."*
>
> ---
>
> *"Al entrar en la casa, vieron al niño con María, su madre, y postrándose lo adoraron."*

Los Reyes Magos llegan después del nacimiento de Jesús, y su visita realmente agita las cosas. Anuncian que han venido a adorar al rey recién nacido. ¿Quizás están sorprendidos de que nadie más esté realmente de humor para celebrar y festejar? Lo que sucede después son reuniones secretas, engaños, alarmismo, amenazas, escándalos y espionaje. La hermosa historia del nacimiento de Jesús se convierte en un suspenso internacional de gran escala con historias que incluye un sueño experimentado por los Reyes Magos que causo que la familia de Jesús escapara a medianoche a tierras extranjeras y por ende, causo el trágico asesinato de los amigos de la infancia de Jesús. Pero en medio del drama, no perdamos de vista la actitud y postura de adoración de los Reyes Magos.

Notemos, los magos estaban en una búsqueda. *"Vimos su estrella en el oriente…"* No sabemos su hora de llegada, pero el texto sugiere que pasó bastante tiempo. Probablemente estuvieron investigando y estudiando los cielos nocturnos durante muchos años y algo sobre esta estrella y las profecías hebreas los impactó lo suficiente como para emprender el viaje.

El viaje: no sabemos qué tan lejos exactamente, pero sabemos que habían recorrido una gran distancia. Esto probablemente tuvo un gran costo personal. Probablemente tenían guardaespaldas. Viajar era difícil, no como hoy: requería entereza y paciencia.

Además, los Reyes Magos trajeron expresiones de adoración. Se inclinaron, una expresión personal. Trajeron regalos, una expresión más duradera. Cada regalo tiene su propio significado y significado únicos.

Transmita esto a nuestra experiencia reciente de la Copa del Mundo. ¿Cuánta investigación, estudio, espera y anticipación por este evento? ¿Cuántos haciendo el largo viaje a Qatar? Considere las atribuciones de valor: boletos comprados, alojamiento reservado, canciones cantadas, sacrificios (tiempo libre del trabajo, etc.) realizados, vítores y celebraciones. Los actos de adoración generalmente involucran todo nuestro ser: nuestros cuerpos, nuestras posturas, nuestras finanzas, nuestras voces, nuestros corazones, mentes y almas.

¿A qué cosas, hoy, atribuimos valor? ¿Qué cosas adoramos? Jesús dijo una vez: *"Donde esté vuestro tesoro, allí estará también vuestro corazón"* (Mateo 6:21, RVR1995). ¿Dónde están nuestros corazones? ¿Un club de fútbol o una selección? ¿En nuestro trabajo o tratando de escalar a una posición más alta? En una relación: ¿un cónyuge, una pareja, un hijo u otro ser querido? ¿Dónde está Jesús, en relación con nuestra adoración? ¿Nos entregamos a Él en corazón, mente, cuerpo y alma? ¿O reservamos una cantidad escasa de tiempo, pensamiento, tesoro y talento para el Rey de Reyes y Señor de Señores?

Este Año Nuevo, acerquémonos a la adoración de Jesús como lo hicieron los Reyes Magos de antaño. Sí, hay un costo; hay sacrificios que hacer; hay expresiones y dones que debemos ofrecer voluntariamente. Pero Jesús lo vale. ¡Atribuyamos todo el valor y dignidad debido a Su nombre!

~ **Reverendo Brad**

Nuevos comienzos

La Copa del Mundo ha quedado en el pasado. Hemos pasado por nuestras celebraciones de Navidad y Adviento y nuestras celebraciones de Nochebuena. Hemos hecho nuestras resoluciones de Año Nuevo. Tal vez estés comenzando el año con todo lo que podrías soñar. Tal vez esté comenzando el año con una victoria en la Copa del Mundo, o al menos es una victoria ante tus ojos al poder haber llegado más allá de la primera ronda, o alcanzar los cuartos de final, las semifinales o incluso la final.

Esta época del año se trata de nuevos comienzos. Este tiempo en el calendario de la iglesia se llama Epifanía, ya que celebramos los Reyes Magos y los regalos que le trajeron al niño Jesús, y lo que significaron.

A diferencia de la creencia popular, los Reyes Magos no estuvieron presentes la noche en que nació Jesús. Los eruditos debaten exactamente cuándo llegaron los Reyes Magos, pero lo mejor que podemos decir es que probablemente fue entre cuarenta días y dos años después del nacimiento de Jesús.

Mientras no podamos sabes con exactitud la hora en que los magos visitaron a Jesús, sí sabemos que trajeron tres regalos muy importantes: oro, incienso y mirra.

El regalo de oro reconoció a Jesús como realeza, Rey de reyes y Señor de señores. Así que el oro era un regalo apropiado para el nuevo Rey.

El regalo del incienso representaba la naturaleza sacrificial de la misión de Cristo de parte de Dios. El incienso se usaba a

---

Semana 8 | Medio Tiempo

I Corintios 10:31

"Así que, sea que coman o beban o cualquier otra cosa que hagan, háganlo todo para la gloria de Dios." (NTV)

—

"Fuiste hecho por Dios, y hasta que entiendas eso, la vida nunca tendrá sentido."

— Rick Warren

menudo para crear un aroma agradable ante el Señor durante los sacrificios del Antiguo Testamento. El incienso reconoce el sacrificio de una vez por todas de Cristo Jesús. Es apropiado ahora que Cristo Jesús es *"fiel sumo sacerdote en lo que a Dios se refiere"* (Hebreos 2:17, RVR1995).

El regalo de la mirra también apunta a la muerte de Cristo como sacrificio. La mirra era el ingrediente principal del aceite de la unción que se usaba para preparar el altar para el sacrificio (Éxodo 30:26-29). Este regalo profetizaba la muerte sacrificial de Cristo.

Pero, ¿qué tiene eso que ver contigo y conmigo?

Los magos, que eran *"hombres sabios"*, pensaban que lo sabían todo, pensaban que lo tenían todo resuelto, pero todavía estaban buscando. Los magos, cuando supieron que Dios los estaba llamando (la estrella en el Oriente), fueron obedientes a ese llamado y vinieron a Cristo Jesús. La reacción al llamado fue poner todo delante del Señor Jesús.

Dios te está llamando. Dios te está llamando a reconocer a Cristo como Rey y ofrecer tus dones de tiempo, talento y tesoro en adoración a él. En todo lo que hagáis, glorificad a Dios. Si eres un jugador, juega como si jugaras para el Señor, entrena como si entrenaras para el Señor. Si eres es un entrenador, entrene como si fuera para el Señor, dirija como si fuera para el Señor. Si eres administrador, organiza y administra como si administraras para el Señor. Ofrece tu tiempo al servicio de Su Reino. Ofrece tus talentos al servicio de Su Reino. Ofrece los tesoros de tu corazón y todo lo que eres al servicio de Su Reino.

~ **Reverendo Jordan**

El culto de las naciones

Los últimos dos meses nos han demostrado que las naciones adoran el fútbol o fútbol. Cuando estaba en Australia estudiando la Iglesia, un pastor me dijo: *"La religión nacional de Australia es el deporte, no uno específico, solo el deporte."* En una visita a Europa, un pastor me dijo que el deporte favorito de Europa no es el fútbol, sino las apuestas o los juegos de azar. ¿Se sorprenderían si dijéramos que la Copa del Mundo compitió contra el Adviento por el amor y la atención del mundo, y la Copa ganara? El fútbol es, con diferencia, el deporte con mas espectadores del mundo. Y a modo de comparación, ¡el fútbol americano ocupa el noveno lugar!

Cuando considera los eventos que rodean la historia de la Navidad, ¿le sorprende que poca gente reconoció que el Rey de los judíos había nacido? ¡Los mismos cielos declararon Su nacimiento para que todos lo vieran! ¿Te das cuenta de que Dios declaró el nacimiento de Su Hijo de tal manera que las naciones paganas del mundo vieran y supieran que el Rey había nacido? Pero solo unos pocos miraban, prestaban atención y esperaban una revelación.

Las naciones vinieron trayendo dones de adoración. Su adoración no estaba definida por sus dones, pero sus dones estaban definidos por su adoración. ¿Qué regalos le traes al Rey de Reyes? ¿Los traes de un lugar de adoración? ¿O estas interrumpiendo tu adoración a causa de lo que tienes o no tienes para ofrecer?

¿Recuerdas la historia de la viuda pobre que puso solo un par de monedas en la caja del tesoro del Templo mientras que otros

> **Semana 8 | Pitido Final**
>
> Mateo 2:11
>
> *"Luego, abriendo sus tesoros, le ofrecieron presentes: oro, incienso y mirra."*
>
> —
>
> *Puedes leer acerca de los Reyes Magos que vienen de otras naciones para adorar y dar regalos a Jesús en Mateo 2:1-12.*

dieron mucho más? Jesús la señaló y les dijo a sus discípulos que ella dio más que nadie, porque dio de su pobreza; otros dieron de sus riquezas.

¿Qué pasaría si te dijera que todo lo que haces es adoración? ¿No crees que entonces ya no sería un simple "si" tu respuesta sino sería "a quine" o "que" estas adorando? Cuando releemos la historia de los Magos, ¿no preguntamos por qué razón elegiría el Padre revelarles el nacimiento de Su Hijo?

La adoración auténtica es siempre en respuesta a la revelación de Dios. Desafortunadamente, demasiadas personas en todo el mundo no lo observan ni lo escuchan. Es nuestro trabajo dirigir la atención de la gente hacia Él y ofrecerle todos los aspectos de nuestra vida en adoración. Es así como podemos dejar de adorar al fútbol y comenzar a **adorarlo a Él con el fútbol**. Como dijo una vez el Maestro y el apóstol Pablo amplió: *"Todo lo que te viniere a la mano [o al pie] para hacer, hazlo con todas tus fuerzas, como si lo hicieras para el Señor."* (paráfrasis de Eclesiastés 9:10 y Colosenses 3:23)

Tu adoración no necesita ser dinero, incienso o especias. Lo mejor que puedes ofrecer al Rey de Reyes y Sumo Sacerdote eres tú mismo. Al postrarte sobre el altar en adoración, Él es glorificado y honrado. Mientras lo adoras, Él te revelará más acerca de Sí mismo.

Ven y adora. ¡Adora a Cristo Rey Recién Nacido!

~ **Pastor Kurt**

Expresiones de gratitud
de Rev Brad

Jesús Cristo — Señor y Salvador, Tú eres la Luz del mundo. Gracias por invitarnos a cada uno de nosotros a seguir y ser un reflejo de Tu luz. Tu vida es luz para mí. Gracias por venir y prometer volver.

Adriana — gracias por permitirme continuar con esta vocación de vida para reflejar la luz en el mundo del fútbol. Te amo.

Brianna, Caley, Danielle, and Allison — mis hermosas hijas. Me traes alegría y risas, gracias por creer en mí y amarme.

Mamá y Papá — gracias por su inquebrantable apoyo y amor a lo largo de los años.

Gente de Fútbol — el Hermoso Juego me ha llevado por todas partes y tengo el privilegio de haberme hecho amigo de tantos de todo el mundo. ¡Rezo para que sepas que la Luz está llegando!

Específico de este libro:

Cesar Duran — mi amigo. Soy bendecido porque compartimos el ministerio juntos. Gracias por perseverar.

Isidro Piña — amigo mío, eres eterno, sabio y estás en mejor forma que yo. ¡Rio Grande Valley Toros FC tiene la suerte de tenerlo como capellán!

Gregory Aydt — gracias por revisar nuestra ortografía, gramática y teología, ¡eres el rey de las comas! Su corazón para defender Memphis y Memphis 901 FC no tiene igual... ahora a trabajar en su juego de disc golf.

Jim Barnard — gracias por toda su ayuda y por brindar desinteresadamente su tiempo y energía. ¡Siga trabajando! Dios bendiga.

Expresiones de gratitud

Stella Bertsch — usted es una joven talentosa y artista. Gracias por compartir tus dones con nosotros.

Fraser Keay — ¡mejor amigo! Gracias por alentarme cuando pensé que este proyecto estaba muerto en el agua. ¡Que Dios bendiga de illuminepress.org y que Escocia sea la próxima Copa del Mundo!

Caley Kenney — eres una hermosa joven y una artista talentosa y creativa. Eres un líder fuerte y estoy orgulloso de ser tu padre.

Jubal McDaniel — gracias por tu trabajo en el diseño y la estructura del libro. Tacoma Defiance tiene la suerte de tenerte como capellán.

Jordan Medas — gracias por tu corazón de pastor hacia la gente de tu iglesia y del fútbol que Dios te ha puesto divinamente en sus vidas.

Kiera Thielke — eres una artista talentosa y una joven maravillosa. ¡Gracias por compartir tus dones con nosotros!

Kurt Trempert — gracias por tu ingenio y sabiduría que se manifiesta en tus escritos. Gracias por su corazón para Co. Springs Switchbacks FC.

Jan van Vliet — gracias por tu tiempo y energía para editar el libro en medio de sus propios plazos y proyectos de escritura. Bendecido de conocerte. ¡Veremos cómo hace Holanda este Mundial!

de Rev Jordan

A mi encantadora esposa, Lisa, y a nuestros cuatro maravillosos hijos, Jonah, Abby, Jessi y Molly, gracias por su amor incondicional y su apoyo en todo momento.

Rev. Adam Colson, Bill y Bobbie Fetzer, y la Iglesia de Lake of the Woods: gracias por su continuo apoyo a mi trabajo en el ministerio de atletas y entrenadores, particularmente en la comunidad del fútbol.

Redes sociales y conexión

soccerchaplainsunited.org

app: SoccrChapUtd

iOS　　　　　　　　　　Android

Redes sociales y conexión

PO Box 102081, Denver, CO 80250

info@soccerchaplainsunited.org

@SoccerChaplains

Soccer Chaplains United

Podcast: Desde la línea de banda

Sobre

Soccer Chaplains United está unido por un código común y una visión compartida para brindar atención espiritual, consejos sabios y un servicio significativo para el fútbol.

Nuestro énfasis principal está en el desarrollo de la capellanía. Nuestros capellanes consideran y cuidan todas las personas, ya sea un atleta, entrenador, miembro del personal, directivos, exalumnos, aficionados, o miembros de la familia. Nosotros entrenamos a nuestros capellanes para ayudar pastoral y espiritualmente a cuidar a todos los que pertenecen a la gran comunidad de fútbol, y en todos los niveles del juego más hermoso del mundo el soccer.

Capellanes de Futbol Unidos (nombre en español) también facilita oportunidades de servicio significativas Entre los fe y comunidad futbolera A través de nuestras iniciativas de Proyectos Comunitarios proveemos a diferentes grupos con utensilios de fútbol, nuevos y usados, para efectuar cambios a nivel local y global. Puedes obtener más información en nuestro sitio web.

Soccer Chaplains United es una organización sin fines de lucro, 501(c)3. Nuestros capellanes sirven como voluntarios y dependemos del apoyo financiero de nuestros socios para llevar a cabo nuestro trabajo de desarrollo de la capellanía en todos los niveles del fútbol. Considere hacer una contribución hoy para ayudarnos a continuar aumentando nuestros capellanes y nuestro trabajo en los EE. UU. y en otras partes del mundo.

Made in the USA
Columbia, SC
16 November 2022